초기불교 이야기

차례
Contents

일러두기

· ⑤는 산스크리트(sanskrit), ⓟ는 팔리어(pāli語)를 가리킨다.

· 산스크리트와 팔리어의 한글 표기는 1986년 1월 7일에 문교부에서 고시한 '개정 외래어 표기법'에 따라 된소리와 장음표기를 쓰지 않고, 동일 겹자음일 경우에 앞 자음은 받침으로 표기했다. [예: ⓟ vipassanā ⇒ 위팟사나]

· 음사(音寫)는 산스크리트 또는 팔리어를 한자로 옮길 때, 번역하지 않고 소리 나는 대로 적은 것을 말한다. [예: 가사(袈裟, ⑤ kaṣāya ⓟ kāsāya) 열반(涅槃, ⑤ nirvāṇa ⓟ nibbāna)]

· 四念處를 대부분 '사념처' 또는 '4념처'로 적으나 이는 잘못이다. 왜냐하면 접두사처럼 쓰이는 한자가 붙어서 된 단어는 뒷말을 두음법칙에 따라 적기 때문이다. [예: 신여성(新女性) 공염불(空念佛) 중노동(重勞動)] 따라서 四念處는 '사염처' 또는 '4염처'로 적어야 한다. 마찬가지로 신염처(身念處)·수염처(受念處)·심염처(心念處)·법염처(法念處)이다.

· 전거에서, 예를 들어 『잡아함경(雜阿含經)』 제15권 제379경의 379는 『대정신수대장경(大正新脩大藏經)』의 경 번호이다. 『니카야(nikāya)』의 경우, 『디가 니카야』 22, 「대염처경(大念處經)」과 『맛지마 니카야』 54, 「포탈리야경」의 22와 54는 경 번호이고, 『상윳타 니카야』 56 : 11, 「전법륜(轉法輪)」에서 56은 분류(division) 번호이고, 11은 경 번호이다.

예나 지금이나 나는 단지 괴로움과
그 괴로움의 소멸을 가르칠 뿐이다.
『상윳타 니카야』 22 : 86, 「아누라다」

바닷물이 오직 짠맛이듯이,
이 가르침과 계율에는 단지 해탈 맛만 있다.
『앙굿타라 니카야』 8 : 19, 「파하라다」

사람의 수명은 아주 짧으니
세상의 잡다한 것 버리고
배움에 있어서 요긴한 것만 취하여
늙어서 평안하도록 하여라.
『법구경』 「안녕품」

들어가며

초기불교는 불교의 뿌리다. 불교는 초기불교에서 전개·발전되었기 때문에 초기불교의 핵심을 제대로 파악하지 못하면 엉뚱한 길로 접어들어 혼란에 빠진다. 따라서 불교 입문자는 초기불교에서 시작해서 대승불교로 나아가야 한다. 불교의 뿌리를 모르고 어찌 그 꽃을 볼 수 있겠는가. 이 작은 책이 초기불교의 가르침을 체계적으로 알 수 있게 해줄 것이다.

고타마 붓다는 괴로움을 없애는 방법을 가르친다. 몹시 탐내어 그칠 줄 모르는 애욕의 불길이 꺼지면, 괴로움과 불안과 망상이 소멸되어 청량한 열반에 이른다. 그래서 불교는 괴로움에서 시작해서 괴로움의 소멸, 즉 열반으로 마친다.

그 열반으로 나아가는 길이 바로 4성제(聖諦)이다. 모든 동물의 발자국이 다 코끼리 발자국 안에 들어오듯이, 붓다의 모든 가르침은 다 4성제에 포함된다. 이 4성제를 닦아나가는 데 가장 큰 장애는 자신의 '몸-마음'이다. 온갖 불안과 두려움과 갈등은 몸-마음을 바탕으로 해서 일어나므로 여기에 얽매이면, 안심도 없고 평온도 없고 안락도 없다.

'몸'에 아무리 집착해도 그것은 자신의 의지와 관계없이 인연 따라 유지되다가 인연 따라 변하고 인연 따라 흩어진다. 중생의 '마음'은 '에고'를 근원으로 한 소음이어서 자신만 소중히 여기고, 자신의 생각만 애지중지하고, 자신은 남보다 나은 어떠어떠한 사람이라는 헛된 생각을 일으킨다. 따라서 몸-마음에 끈질기게 집착하는 한, 결코 온갖 속박에서 벗어나지 못한다.

열반은 탐욕과 분노와 어리석음의 소멸이다.

중생의 탐욕이 끝없는 건, '내 것'으로 소유하는 쾌감에 중독되어 있기 때문이다. 이 쾌감에 집착하면 할수록 더더욱 속박과 괴로움과 갈등 속으로 빠져든다. 분노는 '저항'이다. 남의 생각이나 행동이 자신의 마음에 들지 않는다고 해서 일어나는 저항이고, 아무런 잘못이 없는 인연에 대한 저항이고, 허망한 자존심에 상처를 받아서 치솟는 저항이다. 어리석음은 자신이 얼마나 탐욕스럽고 매사에 얼마나 저항이 많은지를 자각하지 못하는 것이다. 자신의 내면에서 꿈틀대는 탐욕과 저항을 통찰하지 못하면, 그것을 감소시킬 길이 없어 평온은 영영 오지 않는다.

'앎'이 곧 '됨'이 될 수 없듯이, 불교에 대해 많이 안다고 해서 마음의 불안정과 소음이 잦아드는 건 아니다. 따라서 지나치게 '앎'을 추구할 필요는 없다. 어차피 문자는 약이 아니라 처방전일 수밖에 없으니까. 그래서 불교의 많은 가르침 가운데 자신에게 요긴하다고 생각되는 것을 정리하여 반복해서 되새기고, 여러 수행 가운데 자신의 성향에 맞는 하나를 선택해서 지속적으로 닦아나가는 것, 이게 불교 학습의 요점이다.

불교는 바깥 대상에 대한 탐구나 판단이 아니라 자신의 내면을 살피고 돌보는 내관(內觀)이라는 걸 결코 잊어서는 안 된다. 불교를 자연과학과 비교하곤 하는데, 이건 잘못된 사유이다. 괴로움과 열반이 자연과학과 무슨 관계가 있는가.

초기불교와 그 자료

    초기불교는 고타마 붓다와 그의 직계 제자들의 가르침을 말한다. 초기불교의 자료는 남방 상좌부의 니카야(nikāya)와 북방에서 한역된 아함(阿含: āgama)이다. 니카야는 '부(部)'·'부파(部派)'라는 뜻이고, 아함은 '전해온 가르침'이라는 뜻이다. 니카야와 아함에는 붓다의 가르침이 대부분 원형 그대로 담겨 있어 불교의 근원이고 시작이다.

    붓다가 기원전 544년에 입멸(入滅)한 후 제자들이 모여 그의 가르침과 계율을 함께 외워 기억하는 형식으로 정리했는데, 이를 결집(結集)이라 한다.

    제1차 결집, 제2차 결집을 거쳐 기원전 3세기경에 아소카

왕의 주선으로 1천여 명의 비구들이 모여 결집을 했는데, 여기서는 가르침과 계율뿐 아니라 그에 대한 주석서인 논(論)을 정리했다. 이것을 제3차 결집이라 한다. 그리하여 경(經)·율(律)·논(論)의 3장(藏 : ⓢ tri-piṭaka)이 이때부터 갖추어지게 되었다.

제3차 결집 이후부터 그동안 합송으로 전해오던 가르침을 나뭇잎에 문자로 기록하기 시작했는데, 지금 전하는 초기불교의 3장은 제3차 결집 이후부터 문자로 기록되어 전승한 것이다.

니카야에는 5부(部)가 있다.

① 『디가 니카야(dīgha-nikāya)』. 장부(長部). 내용이 긴 34경을 모은 것으로 3편으로 분류되어 있다. 한역 『장아함경』에 해당한다.

② 『맛지마 니카야(majjhima-nikāya)』. 중부(中部). 중간 정도 길이의 152경을 모은 것으로 약 50경씩 3편으로 분류되어 있고, 다시 각 편은 5품으로, 각 품은 대개 10경 단위로 구성되어 있다. 한역 『중아함경』에 해당한다.

③ 『상윳타 니카야(saṃyutta-nikāya)』. 상응부(相應部). 짧은 경전 2,875경을 주제에 따라 분류하여 배열한 것으로 전체가 5품으로 되어 있다. 한역 『잡아함경』에 해당한다.

④ 『앙굿타라 니카야(aṅguttara-nikāya)』. 증지부(增支部).

2,198경이 법수(法數)에 따라 1법에서 11법까지 순서대로 배열되어 있다. 한역 『증일아함경』에 해당한다.

⑤ 『쿳다카 니카야(khuddaka-nikāya)』. 소부(小部). 『법구경(法句經)』·『경집(經集)』·『본생담(本生譚)』 등 15경으로 구성되어 있다.

이에 해당하는 한역 아함에는 네 가지가 있다.

① 『장아함경(長阿含經)』. 22권 30경. 문장의 길이가 긴 경전을 모은 것.

② 『중아함경(中阿含經)』. 60권 222경. 문장의 길이가 중간 정도인 경전을 모은 것.

③ 『잡아함경(雜阿含經)』. 50권 1,362경. 문장의 길이가 짧은 경전을 모은 것.

④ 『증일아함경(增一阿含經)』. 51권 471경. 4제(諦)·6도(度)·8정도(正道) 등과 같이 법수(法數)를 순서대로 분류하여 엮은 것.

고타마 붓다

성(城)을 떠나 숲속으로

기원전 7세기경, 인도 북부에 카필라 성을 중심으로 석가족이 살고 있었다. 성주는 정반왕(淨飯王)이고, 부인은 석가족과 인접해 있던 콜리야 족 선각왕(善覺王)의 딸 마야(ⓢ māyā)였다.

그녀는 해산할 때가 가까워지자 풍습에 따라 친정에 가서 아기를 낳으려고 그곳으로 향했다. 가는 도중에 룸비니 동산의 무우수(無憂樹) 아래서 태자를 낳았다.

왕은 아들의 이름을 싯다르타(ⓢ siddhārtha ⓟ siddhattha)라

고 지었고, 성(姓)은 고타마(ⓟ gotama Ⓢ gautama)였다. 싯다르타는 '목적을 달성한다'는 뜻이다.

그러나 마야는 태자를 낳은 지 7일 만에 세상을 떠나고 말았다. 그래서 싯다르타는 이모의 품에서 자랐다.

싯다르타는 태자로서 궁중에서 시녀들의 시중을 받으면서 호화와 사치 속에서 성장했다. 그는 17세에 콜리야 족의 야쇼다라와 결혼했고, 아들 라훌라(Ⓢ rāhula)를 낳았다.

훗날 붓다는 그때의 일을 다음과 같이 회상했다.

부왕은 나를 위해 여러 채의 궁전, 그러니까 봄 궁전과 여름 궁전과 겨울 궁전을 지었으니, 나를 즐겁게 잘 놀도록 하기 위해서였다. (…)

네 사람이 나를 목욕시키고는 붉은 전단향(旃檀香)을 내 몸에 바르고 비단옷을 입혔는데, 위아래와 안팎이 다 새것이었다. 밤낮으로 일산을 내게 씌웠으니, 태자가 밤에는 이슬에 젖지 않고, 낮에는 햇볕에 그을리지 않게 하기 위해서였다.

다른 집에서는 겉보리나 보리밥, 콩국이나 생강을 최고의 음식으로 삼았으나 내 아버지의 집에서는 가장 낮은 하인도 쌀밥과 기름진 반찬을 최고의 음식으로 삼았다. (…)

여름 4개월 동안은 정전(正殿)에 올라가 있었는데, 남자는 없고 기녀(妓女)만 있어 내 멋대로 즐기면서 아예 내려오지 않았다.

내가 동산이나 누각으로 갈 때는 선발된 30대의 훌륭한 기병들이 행렬을 이루어 앞뒤에서 호위하고 인도했으니, 다른 일이야 어떠했겠는가. (…)

나는 다시 이렇게 생각했다.

'나도 병을 여의지 못하면서 병자를 꺼리고 천하게 여기며 사랑하지 않는 것은 옳지 못하다. 나도 병이 생길 수 있기 때문이다.'

이렇게 관찰하자 병들지 않았다고 해서 일어나는 교만이 산산이 부서졌다. (…)

나는 다시 이렇게 생각했다.

'나도 늙음을 여의지 못하면서 노인을 싫어하고 천하게 여기며 사랑하지 않는 것은 옳지 못하다. 나도 늙기 때문이다.'

이렇게 관찰하자 늙지 않았다고 해서 일어나는 교만이 산산이 부서졌다.

－『중아함경』 제29권, 「유연경(柔軟經)」

호화로운 궁중 생활 속에서 싯다르타에게 태어나서 병들고 늙고 죽는 것에 대한 괴로움이 밀려오기 시작했다. 인간이 태어나서 죽고 태어나서 죽기를 반복하는 모습을 떠올리니, 인간의 삶이 괴로움의 무자비한 순환으로 보였다.

늙지 않고 병들지 않고 죽지 않으려 하나 늙고 병들고 죽으니 괴로움이고, 늙고 병들고 죽는 원인이 태어남이니, 생로병사(生老病死) 그 자체가 괴로움이었다. 이 생로병사를 자신의 의지로 어떻게 할 수도 없었다.

그는 인간의 삶이 불안과 두려움의 연속으로 보였고, 괴로움을 회피하려 해도 끝없이 밀려오는 괴로움에 답답했다. 궁중이 감옥처럼 느껴져 견딜 수가 없었고, 이대로 살아갈 수는 없었다.

어느 날, 그는 떠나기로 결심했다. 깊은 밤중에 말을 타고 하인과 함께 몰래 성을 빠져나갔다. 그때 그의 나이 29세였다.

동틀 무렵 숲에 다다른 싯다르타는 스스로 머리카락을 자르고 지나가는 사냥꾼과 옷을 바꿔 입었다. 하인은 카필라로 돌려보냈다. 그러고는 다시 길을 떠났다.

고행과 깨달음

싯다르타는 동남쪽으로 걷고 또 걸어 마가다 국의 왕사성(王舍城)에 이르렀다. 그는 그 부근에서 수행하는 자들을 찾아가 가르침을 받았다.

그러나 싯다르타는 그들의 가르침으로는 괴로움과 불안의 불이 꺼진 청량한 열반에 이를 수 없다고 생각했다. 그는 다시 서남쪽으로 걸어가 네란자라 강이 흐르는 우루벨라 마을에 이르렀다. 그곳에도 많은 수행자들이 있었다.

싯다르타는 그 마을의 조용한 숲속으로 들어가 혹독한 고행을 하기 시작했다.

나는 무덤가에 가서 죽은 사람의 옷을 벗겨 내 몸을 가렸다.

그때 안타촌(案咤村) 사람들이 와서 나뭇가지로 내 귓구멍을 찌르기도 하고 콧구멍을 찌르기도 했다. 또 침을 뱉기도 하고 오줌을 누기도 하고 흙을 내 몸에 끼얹기도 했다. 그러나 나는 끝내 그들에게 화를 내지 않고 마음을 지켰다.

또 외양간에 가서 송아지 똥이 있으면 그것을 집어 먹었고, 송아지 똥이 없으면 큰 소의 똥을 집어 먹었다. (…)

그러자 몸은 나날이 쇠약해져 뼈만 앙상하게 남았고 정수리에는 부스럼이 생기고 피부와 살이 저절로 떨어졌다. 내 머리는 깨진 조롱박 같았다. 그것은 다 내가 먹지 않았기 때문이었다.

깊은 물속에 별이 나타나듯 내 눈도 그러했다. 낡은 수레가 허물어지듯 내 몸도 그렇게 허물어져 뜻대로 되지 않았다. 내 엉덩이는 낙타 다리 같았고, 손으로 배를 누르면 등뼈가 닿았다. 몸이 이처럼 쇠약해진 것은 다 내가 먹지 않았기 때문이었다. (…)

나는 이렇게 6년 동안 애써 부지런히 도를 구했으나 얻지 못했다. 가시 위에 눕기도 했고, 못이 박힌 판자 위에 눕기도 했고, 새처럼 공중에 매달려 몸을 거꾸로 하기도 했고, 뜨거운 태양에 몸을 태우기도 했고, 몹시 추운 날에 얼음에 앉거나 물속에 들어가기도 했다. (…)

알몸으로 지내기도 했고, 다 해진 옷이나 풀로 만든 옷을 입기도 했고, 남의 머리카락으로 몸을 가리기도 했고, 머리카락을 길러 몸을 가리기도 했고, 남의 머리카락을 머리에 얹기도 했다. (…)

그때 나는 다시 생각했다.

'이렇게 쇠약한 몸으로는 최상의 도를 얻을 수 없다. 약간의 음식을 먹어 기력을 회복한 후에 도를 닦아야겠다.'

그러고는 음식을 먹자, 함께 고행했던 다섯 수행자가 나를 버리고 가면서 말했다.

'이 사문(沙門) 구담(瞿曇 : 고타마)은 정신 착란을 일으켜 진실한 법을 버리고 그릇된 행으로 나아가는구나.'

    ―『증일아함경』제23권,「증상품(增上品)」제8경

싯다르타는 자리에서 일어나 네란자라 강에 가서 몸을 씻고 음식을 먹었다. 어느 정도 원기를 회복한 그는 보리수(菩

提樹) 아래에 가서 풀을 깔고 편안히 앉아 깊은 명상에 잠겼다.

명상을 시작한 지 7일째 되는 날이었다. 적막한 새벽녘에 별이 반짝였다. 명상에 잠긴 싯다르타에게 모든 이치가 환하게 드러났고, 가슴에 잔잔한 기쁨이 일었다. 깨달음을 얻은 것이었다.

그때 세존께서 우루벨라 마을 네란자라 강변의 보리수 아래서 비로소 깨달음을 얻으시고, 한 번 가부좌하신 채 7일 동안 삼매에 잠겨 해탈의 즐거움을 누리고 계셨다.

-『율장(律藏)』「대품(大品)」1, 보리수 이야기

이제 싯다르타는 깨달음을 이룬 자, 즉 붓다(buddha)가 되었다. 35세 되던 해였다. 그 후 붓다는 여러 나무 아래로 옮겨 다니면서 몇 주 동안 해탈의 즐거움을 누렸다.

붓다에게는 여러 가지 호칭이 있는데, '석가족의 성자', '석가족의 침묵하는 자'라는 뜻의 석가모니(釋迦牟尼: ⓟ sakya-muni), 세상에서 가장 존귀하므로 세존(世尊), 진리에서 왔으므로 여래(如來), 마땅히 공양을 받아야 하므로 응공(應供), 바르고 원만한 깨달음을 이루었으므로 등정각(等正覺)이라 한다.

가르침

열반에 이르는 네 가지 성스러운 진리-4성제(聖諦)

붓다는 깨달음을 이룬 후, 사람들에게 설법하기를 주저했다. 왜냐하면 탐욕과 어리석음에 빠져 있는 사람들에게 설한다고 해도 그들이 이해하지 못할 거라고 생각했기 때문이다.

세존께서 마가다 국 보리수 아래서 처음 깨달음을 이루셨다. 그때 세존께서 생각하셨다.

'나는 이제 매우 깊은 법을 얻었다. 이는 이해하기 어렵고 깨닫기 어렵고 밝히기 어렵고 알기 어렵다. 지극히 미묘해서 지혜로운 자만이 깨달아 알 수 있는 것이다. 나는 먼저 누구에게 설법해야 하나? 과연 누가 내 법을 이해할까?'

  -『증일아함경』제14권,「고당품(高幢品)」제5경

붓다는 다시 세상 사람들의 모습을 관찰했다.

연못에는 푸른 연꽃, 붉은 연꽃, 흰 연꽃이 있고, 그중 어떤 것은 물속에 잠겨 있고, 어떤 것은 물에 뜨고, 어떤 것은 물 위에 솟아 있듯이, 사람들의 능력이 다양하다는 것을 관찰하고는 설법하기로 했다.

그러면 누구에게 처음으로 설할 것인가?

붓다가 출가해서 왕사성에서 가르침을 받은 수행자들을 생각했으나 그들은 이미 죽고 없었다. 오랫동안 생각한 붓다는 예전에 우루벨라에서 함께 고행한 다섯 수행자에게 설하기로 결심하고, 그들이 있는 녹야원(鹿野苑)으로 향했다. 우루벨라에서 녹야원까지는 직선거리로 약 250킬로미터나 되는 먼 길이다.

붓다가 그들에게 처음으로 설한 가르침은 4성제(聖諦)였다.

붓다께서 바라내국의 선인(仙人)이 살던 녹야원에서 여러 비구들에게 말씀하셨다.

"4성제를 평등하고 바르게 깨달은 분을 여래(如來)·응공(應

供)·등정각(等正覺)이라 한다. 어떤 것이 넷인가?

　괴로움이라는 성스러운 진리, 괴로움의 발생이라는 성스러운 진리, 괴로움의 소멸이라는 성스러운 진리, 괴로움의 소멸에 이르는 길이라는 성스러운 진리이니, 이 4성제를 평등하고 바르게 깨달은 분을 여래·응공·등정각이라 한다."

　-『잡아함경』 제15권 제402경

　싯다르타는 보리수 아래서 4성제를 깨달아 붓다가 되었고, 4성제를 깨달았기 때문에 여래·응공이라 하고, 4성제를 깨달아 등정각을 이루었다.

　4성제를 4제(諦)라고도 하는데, 제(諦)는 ⑤ satya ⑫ sacca 의 번역으로 '진리'라는 뜻이고, 성제(聖諦)는 '성스러운 진리', '성자의 진리'라는 뜻이다. 4성제는 괴로움을 소멸시켜 열반에 이르게 하는 네 가지 성스러운 진리로, 고성제(苦聖諦)·집성제(集聖諦)·멸성제(滅聖諦)·도성제(道聖諦)이다.

　붓다가 "비구들아, 예나 지금이나 내가 가르치는 것은 단지 고(苦)와 그 고의 소멸일 뿐이다"(『맛지마 니카야』 22, 「뱀의 비유경」)라고 했듯이, 불교는 고에서 시작해서 고의 소멸, 즉 열반으로 마친다.

　그 옛날 싯다르타의 가슴에 들어앉은 고가 얼마나 혹독했으면 그는 집도 절도 없이 폭염과 온갖 벌레들이 들끓는 숲

속에서 6년 동안 그토록 가혹한 고행을 했겠는가. 그러니 고
가 절실하지 않으면 열반도 절실하지 않고, 고의 뿌리가 없
으면 열반의 열매는 없다.

고에서 열반으로 나아가는 유일한 길이 바로 4성제이므
로 이 4성제야말로 초기불교의 처음이자 끝이다. 그래서 "모
든 동물의 발자국이 다 코끼리 발자국 안에 들어오듯이, 모
든 가르침은 다 4성제에 포함된다"(『중아함경』 제7권, 「상적유경
(象跡喩經)」)고 했다.

세존께서 말씀하셨다.

"너희들은 4제(諦)가 있다는 것을 알아야 한다. 어떤 것이 넷
인가?

괴로움이라는 진리, 괴로움의 발생이라는 진리, 괴로움의 소
멸이라는 진리, 괴로움의 소멸에 이르는 길이라는 진리이다.

어떤 것이 괴로움이라는 진리인가?

태어나는 괴로움, 늙는 괴로움, 병드는 괴로움, 죽는 괴로움,
근심하고 슬퍼하고 걱정하는 괴로움 등 헤아릴 수 없이 많고,
미워하는 사람과 만나야 하는 괴로움, 사랑하는 이와 헤어져야
하는 괴로움, 구해도 얻지 못하는 괴로움이다.

간단히 말해, 5음(陰)에 집착이 번성하므로 괴로움[五盛陰苦]
이다. 이것이 괴로움이라는 진리이다.

어떤 것이 괴로움의 발생이라는 진리인가?

느낌과 애욕을 끊임없이 일으켜 항상 탐내어 집착하는 것이다. 이것이 괴로움의 발생이라는 진리이다.

어떤 것이 괴로움의 소멸이라는 진리인가?

저 애욕을 남김없이 멸하여 다시 일어나지 않게 하는 것이다. 이것이 괴로움의 소멸이라는 진리이다.

어떤 것이 괴로움의 소멸에 이르는 길이라는 진리인가?

현성(賢聖)의 8정도(正道)이니, 바르게 알기[正見]·바르게 사유하기[正思惟]·바르게 말하기[正語]·바르게 행하기[正業]·바르게 생활하기[正命]·바르게 노력하기[正精進]·바르게 알아차리기[正念]·바르게 집중하기[正定]이다.

이것을 4제(諦)라고 한다."

−『증일아함경』제14권,「고당품(高幢品)」제5경

그러나 붓다의 가르침이 잘 전달되지 않았다. 그런데 얼마 후 다섯 수행자 가운데 교진여(憍陳如)가 붓다의 법을 알아들었다. 붓다는 너무 기뻐 "교진여는 감로의 법을 얻었다!"고 외쳤다. 그때의 기쁨을 "지신(地神)이 이 소리를 듣고 똑같이 외쳤고, 이 소리를 들은 4천왕(天王)이 또 외쳤고, 이 소리를 들은 33천(天)도 외쳤고, 33천의 소리를 들은 염천(艶天)도 외쳐서 도솔천에 이어 범천까지 이 소리를 들었다"(『증일아함경』제14권, 「고당품(高幢品)」 제5경)고 장엄하게 표현했다.

녹야원에서 설한 가르침을 '초전법륜(初轉法輪)'이라 하는데, '처음으로 가르침의 수레바퀴를 굴리다'라는 뜻이다.

이로써 인도 땅에 불교가 싹트게 되었다.

그때 세존께서 다섯 비구에게 말씀하셨다.

"너희들 가운데 두 사람이 여기서 가르침을 받게 되면 나머지 세 사람이 걸식해 와서 여섯이 나눠 먹도록 하자. 만약 세 사람이 가르침을 받게 되면 나머지 두 사람이 걸식해 와서 여섯이 나눠 먹도록 하자."

세존께서 가르치고 일깨우니, 다섯 비구는 생로병사가 없는 열반을 얻어 아라한(阿羅漢)이 되었다. 이제 삼천대천세계에는 붓다까지 합해 아라한이 모두 여섯이 되었다.

    -『증일아함경』제14권, 「고당품(高幢品)」 제5경

그때 세존께서 여러 비구들에게 말씀하셨다.

"나와 너희들이 4성제를 알지 못하고 보지 못하고 깨닫지 못하고 받아 지니지 못했다면, 우리는 오랜 세월 동안 생사(生死)에서 헤매었을 것이다."

    -『잡아함경』제15권 제403경

현자들아, 이 고성제는 과거에도 고성제였고, 현재와 미래에도 고성제이니, 진리여서 헛되지 않고, 있는 그대로를 떠나지 않고, 뒤바뀌지 않고, 참되고 분명한 사실이어서 있는 그대로의 진리와 일치한다. 이는 성자가 지니고, 성자가 알고, 성자가 보고, 성자가 이해하고, 성자가 식별하고, 성자가 바르게 깨달은 것이다. 그래서 고성제라고 한다.

(… 집성제… 멸성제… 도성제도 그러하다.)

 ─『중아함경』제7권 「분별성제경(分別聖諦經)」

붓다께서 말씀하셨다.

"말룽키야야, 세계는 유한한가, 무한한가? 영혼과 육체는 같은가, 다른가? 인간은 죽은 다음에도 존재하는가, 존재하지 않는가?

이런 문제들이 해결된다고 하더라도 인생의 고(苦)는 해결되지 않는다. 우리는 현재의 삶 속에서 고를 소멸시켜야 한다.

말룽키야야, 내가 설하지 않은 것은 설하지 않은 대로, 설한 것은 설한 대로 받아들여라.

그러면 내가 설한 것은 무엇인가?

'이것은 고이다'라고 나는 설했다. '이것은 고의 발생이다'라고 나는 설했다. '이것은 고의 소멸이다'라고 나는 설했다. '이것은 고의 소멸에 이르는 길이다'라고 나는 설했다.

나는 왜 그것을 설했는가?

그것은 열반에 이르게 하기 때문이다."

–『맛지마 니카야』63, 「말룽키야에 대한 작은 경」

고에서 안온한 열반으로 안내해주는 표지판이 4성제이므로 초기불교는 4성제를 중심축으로 해서 전개된다. 아라한에 이르고, 열반에 이르는 유일한 수행이 4성제이다.

그때 세존께서 여러 비구들에게 말씀하셨다.

"선남자가 바른 믿음으로 출가하여 도를 배우려면 반드시 4성제를 알아야 한다. (…)

수다원(須陀洹)의 경지에 이르렀다면, 그들은 다 4성제를 알았기 때문이다. (…)

사다함(斯陀含)의 경지에 이르렀다면, 그들은 다 4성제를 알았기 때문이다. (…)

아나함(阿那含)의 경지에 이르렀다면, 그들은 다 4성제를 알았기 때문이다. (…)

아라한(阿羅漢)의 경지에 이르렀다면, 그들은 다 4성제를 알았기 때문이다. (…)

벽지불(辟支佛)의 도를 증득했다면, 그들은 다 4성제를 알았기 때문이다. (…)

최상의 등정각(等正覺)을 이루었다면, 그들은 다 4성제를 알
았기 때문이다."

　-『잡아함경』제15권 제393경

수다원·사다함·아나함·아라한은 성자들의 네 경지이다.
수다원(須陀洹)은 ⓟ sota-āpanna의 음사이고 처음으로 성자
의 계열에 들었으므로 '입류(入流)'라고 번역한다. 사다함(斯
陀含)은 ⓟ sakad-āgāmin의 음사이고 '일왕래(一往來)'라고
번역한다. 이 성자는 번뇌를 완전히 끊지 못했기 때문에 천
상의 경지에 이르렀다가 다시 한 번 인간계에 이르러 완전
한 열반을 성취한다는 뜻이다. 아나함(阿那含)은 ⓟ anāgāmin
의 음사이고 '불래(不來)'·'불환(不還)'이라 번역한다. 이 성
자는 색계·무색계의 경지에 이르고, 다시 욕계로 되돌아오
지 않는다는 뜻이다. 아라한(阿羅漢)은 ⓟ arahant의 음사이
고 모든 번뇌를 완전히 끊어 열반을 성취한 성자이다. 공양
받을 만하므로 '응공(應供)', 진리에 따르므로 '응진(應眞)', 더
닦을 것이 없으므로 '무학(無學)'이라 번역한다.
　벽지불(辟支佛)은 ⓟ pacceka-buddha의 음사이고 '홀로
깨달은 자'라는 뜻이다. 스승 없이 홀로 12연기(緣起)를 관조
해서 깨달은 성자이므로 독각(獨覺)·연각(緣覺)이라 한다.

그때 어떤 비구가 붓다에게 나아가 그의 발에 머리를 대는 예를 표한 뒤 한쪽에 앉아 여쭈었다.

"세존이시여, 이 4성제를 점차로 통달하게 됩니까, 아니면 한꺼번에 통달하게 됩니까?"

"이 4성제를 점차로 통달하는 것이지 한꺼번에 통달하는 것이 아니다.

예를 들면, 그것은 마치 네 계단을 거쳐 전당(殿堂)에 오르는 것과 같다. 만약 어떤 사람이 '첫 계단에 오르지 않고 둘째·셋째·넷째 계단을 거쳐 전당에 올랐다'고 한다면 그것은 있을 수 없는 일이다. 왜냐하면 첫 계단에 오른 뒤에 둘째·셋째·넷째 계단을 차례로 거쳐야 전당에 오를 수 있기 때문이다.

이와 같이 비구야, 괴로움이라는 성스러운 진리를 통달하지 못한 상태에서 괴로움의 발생이라는 성스러운 진리, 괴로움의 소멸이라는 성스러운 진리, 괴로움의 소멸에 이르는 길이라는 성스러운 진리를 통달하려고 한다면 그것은 있을 수 없는 일이다."

－『잡아함경』제16권 제436경

어느 때 붓다께서 바라내국의 선인(仙人)이 살던 녹야원에서 여러 비구들에게 말씀하셨다.

"네 가지 법을 성취하면 큰 의왕(醫王)이라 하나니, 의왕은 반드시 이 네 가지를 갖추어야 한다. 어떤 것이 네 가지인가?

하나는 병을 잘 아는 것이요, 둘은 병의 근원을 잘 아는 것이요, 셋은 병의 치료법을 잘 아는 것이요, 넷은 병을 치료하고 나서 재발하지 않게 하는 법을 잘 아는 것이다. (…)

여래(如來)·응공(應供)·등정각(等正覺)은 큰 의왕으로서 네 가지 덕을 성취하여 중생들의 병을 치료한다.

어떤 것이 네 가지 덕인가?

여래는 괴로움이라는 성스러운 진리를 진실 그대로 알고, 괴로움의 발생이라는 성스러운 진리를 진실 그대로 알며, 괴로움의 소멸이라는 성스러운 진리를 진실 그대로 알고, 괴로움의 소멸에 이르는 길이라는 성스러운 진리를 있는 그대로 안다."

-『잡아함경』 제15권 제389경

4성제는 의사가 환자를 치료하는 방법에 비유할 수 있다.

고성제-괴로움-병
집성제-괴로움의 발생-병의 원인
멸성제-괴로움의 소멸-병의 완치
도성제-괴로움을 소멸시키는 방법-병의 치료법

괴로움이라는 성스러운 진리 -고성제(苦聖諦)

비구들아, 이것이 괴로움이라는 성스러운 진리이다.

태어남은 괴로움이고, 늙음은 괴로움이고, 병듦은 괴로움이고, 죽음은 괴로움이다. 싫어하는 대상을 만나는 것은 괴로움이고, 좋아하는 대상과 헤어지는 것은 괴로움이고, 원해도 얻지 못하는 것은 괴로움이다.

간단히 말하면, 5온(蘊)에 집착하므로 괴로움이다.

-『상윳타 니카야』56 : 11, 「전법륜(轉法輪)」

어떤 것이 괴로움이라는 진리인가?

태어나는 괴로움, 늙는 괴로움, 병드는 괴로움, 죽는 괴로움, 근심하고 슬퍼하고 걱정하는 괴로움 등 헤아릴 수 없이 많고, 싫어하는 대상을 만나는 것은 괴로움이고, 좋아하는 대상과 헤어지는 것은 괴로움이고, 구해도 얻지 못하는 것은 괴로움이다.

간단히 말하면, 5음(陰)에 집착이 번성하므로 괴로움[五盛陰苦]이다. 이것이 괴로움이라는 진리이다.

-『증일아함경』제14권, 「고당품(高幢品)」제5경

늙고 싶어 늙는 것도 아니고, 병들고 싶어 병드는 것도 아니고, 죽고 싶어 죽는 것도 아니니 괴로움이고, 늙고 병들고 죽는 원인이 태어남이니 생로병사(生老病死) 그 자체가 괴로움이다.

어떤 상태를 계속 유지하려 해도 뜻대로 되지 않고, 어떤 현상을 회피해도 찾아오고, 어떤 것을 추구해도 얻지 못하니 괴로움이다. 즉, 바라는 대로 되지 않고, 바라지 않는 것이 찾아오니 괴로움이다.

모든 중생에게는 피할 수 없는 일곱 가지가 있다.

하나는 태어남이고, 둘은 늙음이고, 셋은 병듦이고, 넷은 죽음이고, 다섯은 죄이고, 여섯은 복이고, 일곱은 인연이다.

이 일곱 가지는 아무리 피하려 해도 피할 수 없다.

-『법구비유경』 제2권, 「악행품」

중생의 마음은 에고의 분별에 의해 '기분 좋다'와 '기분 나쁘다'로 갈라진다. 이를 바탕으로 해서 온갖 2분의 분별과 감정이 잇달아 일어나 그 2분의 한쪽에 집착하고 다른 한쪽을 회피하여 마치 시계추처럼 끊임없이 왕복한다. 집착과 회피의 강도가 크면 클수록 그 왕복 운동의 진폭이 커져 더 큰 불안정에 휘둘린다. 그러나 집착한다고 해서 소유할 수 있는 것도 아니고, 회피한다고 해서 다가오지 않는 것도 아니다. 그래서 추구와 회피를 끊임없이 반복하므로 항상 불안정하다. 이 불안정이 곧 괴로움이다.

인간을 구성하는 다섯 가지 요소의 무더기, 즉 몸[色]·느낌[受]·생각[想]·의지[行]·인식[識]을 5온(蘊) 또는 5음(陰)이라 하는데, 이 5온에 집착하고, 5온에 집착이 번성하고, 5온은 집착의 무더기이므로 괴로움이다.

중생이 가장 집착하는 게 5온이고, 온갖 괴로움은 5온을 중심으로 해서 일어나기 때문에 5온에 집착하는 한 결코 괴로움과 불안에서 벗어나지 못한다.

붓다께서 말씀하셨다.

"너희들은 아직 괴로움의 뜻을 잘 모르는구나. 이 세상에서 몸보다 더 괴로운 것은 없다. 배고프고 목마른 것, 춥거나 더운 것, 미워하고 성내는 것, 놀라고 두려워하는 것, 음욕과 원한은 다 몸에서 비롯된다.

몸은 온갖 괴로움의 근본이고, 근심과 불행의 근원이다. 마음을 괴롭히고 생각에 시달리며 근심하고 두려워하는 것도, 3계(界)의 온갖 것들이 서로 해치는 것도, 우리가 생사에 얽매여 벗어나지 못하는 것도 다 몸에서 비롯되기 때문이다.

   -『법구비유경』제3권, 「안녕품」

괴로움의 무더기인 이 몸에 대해

큰 지혜로 분별해서 설하나니

목숨과 온기와 의식이 떠나면

이 몸은 버려질 물건이니라.

그 세 가지가 떠나고

남겨진 몸뚱이는

영영 무덤가에 버려지나니

마치 의식 없는 나무토막 같네.

－『잡아함경』제10권 제265경

괴로움의 발생이라는 성스러운 진리－집성제(集聖諦)

괴로움이 발생하는 원인에 대한 진리이다. 집(集)은 ⑤Ⓟ
samudaya의 번역으로 '발생'이라는 뜻이다. 괴로움의 원인
은 갈애(渴愛)이다. 즉, 목이 말라 애타게 물을 찾듯이 몹시
탐내어 그칠 줄 모르는 애욕이다.

비구들아, 이것이 괴로움의 발생이라는 성스러운 진리이다.

재생(再生)을 초래하고, 쾌락과 탐욕을 동반하여 여기저기에
집착하는 갈애(渴愛)이다.

－『상윳타 니카야』56 : 11,「전법륜」

비구들아, 무엇이 괴로움의 발생이라는 성스러운 진리인가?

그것은 갈애이다. 재생을 초래하고, 희열과 탐욕을 동반하여 여기저기서 즐기는 것이니, 감각적 욕망에 대한 갈애, 존재하는 것에 대한 갈애, 존재하지 않는 것에 대한 갈애이다.

－『디가 니카야』 22, 「대념처경(大念處經)」

갈애가 세상을 이끌고

갈애에 의해 끌려다니며

갈애라는 하나의 법이

모든 것을 지배한다.

－『상윳타 니카야』 1：63, 「갈애」

갈애의 뿌리는 에고이다. 왜 갈애가 끝없이 일어나는가?

그것은 갈애가 생존에 유리하다고 여기는 에고의 속성 때문이다. 불안하고 불편하고 두렵고 인정받지 못하는 괴로움을 피하기 위해 많이 가지려고 하지만, 아무리 많이 가져도 그 괴로움이 해소되지 않기 때문에 갈애가 끝없는 것이다. 그래서 갈애가 일어나면 곧바로 알아차리고 자동으로 반응하기 전에 잠깐 '틈'을 가지는 게 수행의 시작이다. 예를 들어 화가 치밀거나 남에게 저항하려는 충동이 일어날 때, 그 것을 즉각 알아차리고 잠깐 틈을 가지면 그 충동이 누그러진다. 갈애가 일어날 때마다 곧바로 알아차리고 즉각적으로 반응하기 전에 그야말로 잠깐, 단 1초만이라도 '여유'를 가지기로 다짐하고, 이 수행을 거듭하면 할수록 에고와 갈애가 점점 힘을 잃어 거기에 휘둘리지 않게 된다.

갈애가 없다고 해서 생존하지 않는 것도 아니고, 일을 하지 않는 것도 아니고, 소유하지 않는 것도 아니다. 아무리 탐욕과 집착의 불길이 강해도 모든 것은 자신의 의지와 관계없이 인연 따라 오고 인연 따라 간다. 올 인연은 반드시 오고 갈 인연은 반드시 간다. 갈애는 괴로움과 갈등만 안겨줄 뿐, 생존에 아무런 도움이 되지 않는다.

흔히 남들이 에고와 갈애가 강하지 자신은 그렇지 않다고 착각하지만, 자신 속에 있는 에고와 갈애를 절실히 자각하지 못하면 그것을 약화시킬 날은 영영 오지 않는다. 그래서 갈애가 일어나면 곧바로 알아차리는 것, 이것이 집성제의 요점이다.

괴로움이 생기고 소멸하는 과정을 밝힌 게 12연기(緣起)인데, 그 생기는 과정이 집성제에 해당하고, 소멸하는 과정이 멸성제에 해당한다.

비구들아, 무엇이 집성제인가?
무명(無明)으로 말미암아 행(行)이 있고, 행으로 말미암아 식

(識)이 생기고, 식으로 말미암아 명색(名色)이 생기고, 명색으로 말미암아 6처(處)가 생기고, 6처로 말미암아 촉(觸)이 생기고, 촉으로 말미암아 수(受)가 생기고, 수로 말미암아 애(愛)가 생기고, 애로 말미암아 취(取)가 생기고, 취로 말미암아 유(有)가 생기고, 유로 말미암아 생(生)이 생기고, 생으로 말미암아 늙음·죽음·근심·슬픔·고뇌가 생긴다.

이리하여 온갖 괴로움의 무더기가 생긴다.

비구들아, 이것을 집성제라고 한다.

－『앙굿타라 니카야』 3 : 「대품(大品)」 61, 외도(外道)

괴로움의 소멸이라는 성스러운 진리-멸성제(滅聖諦)

갈애가 소멸되고, '자아'라는 생각이 소멸된 상태이다. 에고의 불길이 남김없이 꺼져 탐욕과 분노와 어리석음 등의 번뇌가 소멸된 열반의 경지이다.

에고를 바탕으로 한 자신의 생각에 집착하는 것, 이게 탐욕과 분노와 어리석음의 근원이다. 에고가 얼마나 허망하고 부질없는지를 절실히 자각하지 못하면 그 번뇌는 결코 감소되지 않는다. 에고의 죽음, 독립된 개체적 '자아'라는 생각의 죽음, 여기에서 갈애는 일어나지 않는다. 이것이 곧 괴로움의 소멸이다.

비구들아, 이것이 괴로움의 소멸이라는 성스러운 진리이다.

갈애를 남김없이 소멸시켜 버리고 집착에서 벗어나 해탈하는 것이다.

－『상윳타 니카야』 56 : 11, 「전법륜」

비구들아, 무엇이 멸성제인가?

무명이 소멸하므로 행이 소멸하고, 행이 소멸하므로 식이 소멸하고, 식이 소멸하므로 명색이 소멸하고, 명색이 소멸하므로 6처가 소멸하고, 6처가 소멸하므로 촉이 소멸하고, 촉이 소멸하므로 수가 소멸하고, 수가 소멸하므로 애가 소멸하고, 애가 소멸하므로 취가 소멸하고, 취가 소멸하므로 유가 소멸하고, 유가 소멸하므로 생이 소멸하고, 생이 소멸하므로 늙음·죽음·근심·슬픔·고뇌가 소멸한다.

이리하여 온갖 괴로움의 무더기가 소멸한다.

비구들아, 이것을 멸성제라고 한다.

－『앙굿타라 니카야』 3 : 「대품」 61, 외도

괴로움의 소멸에 이르는 길이라는 성스러운 진리
－도성제(道聖諦)

괴로움을 소멸시키는 여덟 가지 바른 길, 즉 8정도(正道)이다.

비구들아, 그러면 무엇이 괴로움의 소멸에 이르는 길이라는 성스러운 진리인가?

그것은 바로 8정도(正道)이니, 즉 바르게 알기[正見]·바르게 사유하기[正思惟]·바르게 말하기[正語]·바르게 행하기[正業]·바르게 생활하기[正命]·바르게 노력하기[正精進]·바르게 알아차리기[正念]·바르게 집중하기[正定]이다.

　　－『디가 니카야』 22, 「대염처경」

수밧다야, 어떤 법과 율이든 8성도(聖道)가 없으면 거기에는 사문(沙門)도 없다.

　　－『디가 니카야』 16, 「대반열반경」

무엇이 사문의 수행인가?

그것은 8성도(聖道)이니, 정견(正見)·정사유(正思惟)·정어(正語)·정업(正業)·정명(正命)·정정진(正精進)·정념(正念)·정정(正定)이다.

　　－『잡아함경』 제29권 제797경

사리불의 옛 친구가 물었다.

"사리불아, 왜 세존과 함께 청정한 수행을 하는가?"

"벗이여, 괴로움에서 벗어나기 위해서이다."

"괴로움에서 벗어나는 길이 있는가?"

"길이 있다. 그것은 8정도이니, 정견·정사유·정어·정업·정명·정정진·정념·정정이다."

　　　－『상윳타 니카야』 38 : 4, 「무엇을 위하여」

　　삶과 죽음은 몹시 괴롭지만

　　진리를 따르면 피안에 이른다.

　　세상 사람 건지는 8정도는

　　온갖 괴로움을 없앤다.

　　　－『법구경』 「술불품(述佛品)」

① 바르게 알기[正見]

4성제를 아는 것이다.

　비구들아, 그러면 무엇이 바르게 알기인가?

　괴로움[苦]에 대해 아는 것, 괴로움의 발생[集]에 대해 아는 것, 괴로움의 소멸[滅]에 대해 아는 것, 괴로움의 소멸에 이르는 길[道]에 대해 아는 것, 이것이 바르게 알기이다.

　　　－『디가 니카야』 22, 「대염처경」

　비구들아, 4성제를 꿰뚫어 통달하지 못했기 때문에 나와 너희들은 오랫동안 괴로움에서 벗어나지 못했다.

　　-『맛지마 니카야』 141, 「진리의 분석경」

② 바르게 사유하기[正思惟]

　비구들아, 그러면 무엇이 바르게 사유하기인가?

　번뇌의 속박에서 벗어난 사유, 악의가 없는 사유, 남에게 해를 끼치지 않으려는 사유, 이것이 바르게 사유하기이다.

　　-『디가 니카야』 22, 「대염처경」

　그러면 비구들아, 무엇이 바르게 사유하기인가?

　그것은 번뇌에서 벗어난 사유, 분노가 없는 사유, 남에게 해를 끼치지 않으려는 사유이다.

　　-『맛지마 니카야』 141, 「진리의 분석경」

③ 바르게 말하기[正語]

　비구들아, 그러면 무엇이 바르게 말하기인가?

　거짓말하지 않고, 이간질하지 않고, 거친 말을 하지 않고, 쓸데없는 말을 하지 않는 것, 이것이 바르게 말하기이다.

　　-『디가 니카야』 22, 「대염처경」

거짓말하는 짓을 부끄러워하지 않는 사람은 짓지 못할 악이 없다.

그러므로 라훌라야, 장난으로도 거짓말을 하지 마라.

-『맛지마 니카야』61,「암발랏티카에서 라훌라를 가르친 경」

사람이 태어날 때 입에 도끼가 생겨나

어리석은 이는

나쁜 말을 내뱉어

그것으로 자신을 찍는다.

-『상윳타 니카야』6 :9,「투두 범천」

④ 바르게 행하기[正業]

비구들아, 그러면 무엇이 바르게 행하기인가?

살생하지 않고, 도둑질하지 않고, 음란한 짓을 하지 않는 것,
이것이 바르게 행하기이다.

-『디가 니카야』22,「대염처경」

"라훌라야, 거울은 무엇을 위해 있느냐?"

"세존이시여, 비추어 보기 위해 있습니다."

"라훌라야, 거듭 비추어본 뒤에 행동하고, 거듭 비추어본 뒤

에 말하고, 거듭 비추어본 뒤에 생각하라."

-『맛지마 니카야』61, 「암발랏티카에서 라훌라를 가르친 경」

⑤ 바르게 생활하기[正命]

정당한 방법으로 생계를 꾸려나가는 생활을 말한다.

비구들아, 그러면 무엇이 바르게 생활하기인가?

성자의 제자는 그릇된 생계를 버리고 바른 생계로 생활한다.
이것이 바르게 생활하기이다.

-『디가 니카야』22, 「대염처경」

⑥ 바르게 노력하기[正精進]

4정근(正勤)을 닦는 것으로, 아직 생기지 않은 악은 미리
방지하고, 이미 생긴 악은 없애려고 노력하고, 아직 생기지
않은 선은 생기도록 노력하고, 이미 생긴 선은 더욱 커지도
록 노력하는 것이다.

비구들아, 그러면 무엇이 바르게 노력하기인가?

비구가 아직 생기지 않은 악하고 불건전한 것들이 생기지
않도록 의욕을 가지고 부지런히 노력하는 데 마음을 쏟고, 이
미 생긴 악하고 불건전한 것들을 끊으려는 의욕을 가지고 부

지런히 노력하는 데 마음을 쏟고, 아직 생기지 않은 건전한 것
들이 생기도록 의욕을 가지고 부지런히 노력하는 데 마음을
쏟고, 이미 생긴 건전한 것들을 유지하고 늘리고 계발하려는
의욕을 가지고 부지런히 노력하는 데 마음을 쏟는 것, 이것이
바르게 노력하기이다.

　-『디가 니카야』 22, 「대염처경」

　인용문에서 '불건전한 것'은 열반에 이르는 데 장애가 되
는 탐욕과 분노와 어리석음의 3독(毒)을 말하고, '건전한 것'
은 3독이 감소된 상태를 말한다.

　붓다의 제자 소나는 매우 열심히 수행했으나 번뇌에서 벗
어나지 못했다. 그래서 집으로 돌아가려고 생각했다. 붓다가
그의 생각을 간파하고 다가가서 물었다.

　"소나야, 너는 집에 있을 때 비파를 잘 타지 않았더냐?"
　"그렇습니다, 세존이시여."
　"너는 어떻게 생각하느냐? 비파 줄을 너무 강하게 죄면 소리
가 잘 나더냐?"
　"그렇지 않습니다, 세존이시여."
　"그러면 비파 줄을 아주 느슨하게 하면 소리가 잘 나더냐?"

"그렇지 않습니다, 세존이시여."

"소나야, 그와 마찬가지로 노력도 너무 지나치면 마음이 동요하고, 너무 느슨하면 나태하게 된다. 그러므로 소나야, 균형을 유지해야 한다."

"예, 그렇게 하겠습니다."

소나는 세존의 가르침대로 행하여 마침내 깨달음을 얻어 아라한이 되었다.

-『앙굿타라 니카야』6 : 「대품(大品)」 55

⑦ 바르게 알아차리기[正念]

4염처(念處)를 닦는 것으로, '나 자신'을 몸[身]·느낌[受]·마음[心]·현상[法]으로 해체해서 거기에서 매 순간 일어나고 사라지는 생멸을 끊임없이 알아차리는 것이다. 알아차리기를 거듭해서 그 네 가지가 모두 무상·고·무아라고 통찰하게 되면 '나'에 대한 집착이 점점 희박해져 간다. 이 알아차리기(ⓟ sati)는 초기불교 수행의 시작이다.

⑧ 바르게 집중하기[正定]

4선(禪)을 닦는 것으로, 수행자가 이르게 되는 네 단계의 선정이다. '집중하기'는 삼매(三昧: ⓢⓟ samādhi)의 번역이다.

비구들아, 그러면 무엇이 바르게 집중하기인가?

비구가 애욕과 불건전한 것들을 떠나고, 일으킨 생각과 지속적인 고찰이 있고, (애욕 등을) 떠남으로써 기쁨과 안락이 있는 초선(初禪)에 들어 머문다.

일으킨 생각과 지속적인 고찰이 가라앉고, 마음이 고요하고 한곳에 집중됨으로써 기쁨과 안락이 있는 제2선(禪)에 들어 머문다.

기쁨을 버리고 평온에 머물며, 알아차리기와 분명한 앎을 지녀 몸으로 안락을 느낀다. 성자들이 '평온과 알아차리기를 지니고 안락에 머문다'고 한 제3선(禪)에 들어 머문다.

안락도 버리고 괴로움도 버리며, 이전에 기쁨과 슬픔을 없애 버렸으므로 괴롭지도 즐겁지도 않고, 평온과 알아차리기로 청정해진 제4선(禪)에 들어 머문다.

비구들아, 이것이 바르게 집중하기이다.

－『디가 니카야』 22, 「대염처경」

인용문에서 '일으킨 생각'은 대상에 대해 일으킨 생각이고, '지속적인 고찰'은 그 대상에 대한 지속적인 고찰이다.

삼매(三昧)는 마음이 한곳에 집중되어 평온해진 상태이다.

무엇이 삼매인가? 무엇이 삼매의 특징인가? 무엇이 삼매에 도움이 되는가?

마음이 하나의 대상에 집중된 상태, 이것이 삼매이다.

4염처(念處)가 삼매의 특징이고, 4정근(正勤)이 삼매에 도움
이 된다. 이러한 법들을 닦고 계발하는 것, 이것이 삼매 수행
이다.

－『디가 니카야』 44, 「교리 문답의 작은 경」

비구들아, 삼매를 닦아야 한다. 마음이 잘 집중되어 있는 비
구는 있는 그대로 안다. 무엇을 있는 그대로 아는가?

색(色)의 발생과 소멸, 수(受)의 발생과 소멸, 상(想)의 발생
과 소멸, 행(行)의 발생과 소멸, 식(識)의 발생과 소멸을 있는 그
대로 안다.

－『상윳타 니카야』 22 : 5, 「삼매」

『잡아함경』 제18권 제1경에 염부차(閻浮車)가 사리불에게
여러 가지 질문을 한다.

어떻게 하면 선법(善法)이 자라고, 3독(毒)이 소멸되고, 열
반에 이르고, 번뇌가 소멸되고, 아라한에 이르고, 무명(無明)
이 소멸되고, 괴로운 생존이 끝나고, 5온(蘊)에 집착하지 않
게 되고, 결박에서 벗어나고, 애욕이 소멸되고, 어떻게 하면
평온에 이르게 되는가? 등이다.

각각의 질문에 사리불은 모두 8정도를 닦으라고 대답한다. 이 8정도가 곧 중도(中道)이다.

> 비구들아, 그러면 무엇이 중도인가?
> 바로 8정도이니, 정견·정사유·정어·정업·정명·정정진·정념·정정이다.
> ─『상윳타 니카야』 56 : 11, 「전법륜」

> 만약 비구가 괴로움이라는 성스러운 진리를 이미 알고 이미 이해했으며, 괴로움의 발생이라는 성스러운 진리를 이미 알고 이미 끊었으며, 괴로움의 소멸이라는 성스러운 진리를 이미 알고 이미 증득했으며, 괴로움의 소멸에 이르는 길이라는 성스러운 진리를 이미 알고 이미 닦았다면, 그런 비구는 문빗장이 없고 성 둘레의 참호를 메웠으며(구속이나 속박에서 벗어났으며), 험난한 곳을 건넜고 결박에서 벗어났으니, 그를 현성(賢聖)이라 하고 성스러운 깃발을 세웠다고 한다.
> ─『잡아함경』 제15권 제386경

괴로움이 생기고 소멸하는 열두 과정-12연기(緣起)

세존께서 이렇게 말씀하셨다.

"비구들아, 어떤 것이 연기(緣起)인가?

비구들아, 무명(無明)으로 말미암아 행(行)이 생기고, 행으로 말미암아 식(識)이 생기고, 식으로 말미암아 명색(名色)이 생기고, 명색으로 말미암아 6처(處)가 생기고, 6처로 말미암아 촉(觸)이 생기고, 촉으로 말미암아 수(受)가 생기고, 수로 말미암아 애(愛)가 생기고, 애로 말미암아 취(取)가 생기고, 취로 말미암아 유(有)가 생기고, 유로 말미암아 생(生)이 생기고, 생으로 말미암아 늙음·죽음·근심·슬픔·고뇌·절망이 생긴다. 이 모든 괴로움의 무더기는 이렇게 해서 생긴다.

비구들아, 이것을 연기라고 한다."

-『상윳타 니카야』12 : 1,「연기(緣起)」

이것이 있으므로 저것이 있고, 이것이 생기므로 저것이 생긴다. 즉, 무명(無明)으로 말미암아 행(行)이 생기고, 행으로 말미암아 식(識)이 생기고, 식으로 말미암아 명색(名色)이 생기고, 명색으로 말미암아 6처(處)가 생기고, 6처로 말미암아 촉(觸)이 생기고, 촉으로 말미암아 수(受)가 생기고, 수로 말미암아 애(愛)가 생기고, 애로 말미암아 취(取)가 생기고, 취로 말미암아 유(有)가 생기고, 유로 말미암아 생(生)이 생기고, 생으로 말미암아 늙음·죽음·근심·슬픔·고뇌·절망이 생긴다.

이리하여 온갖 괴로움의 무더기가 생긴다. (…)

이것이 없으므로 저것이 없고, 이것이 소멸하므로 저것이 소멸한다. 즉, 무명이 소멸하므로 행이 소멸하고, 행이 소멸하므로 식이 소멸하고, 식이 소멸하므로 명색이 소멸하고, 명색이 소멸하므로 6처가 소멸하고, 6처가 소멸하므로 촉이 소멸하고, 촉이 소멸하므로 수가 소멸하고, 수가 소멸하므로 애가 소멸하고, 애가 소멸하므로 취가 소멸하고, 취가 소멸하므로 유가 소멸하고, 유가 소멸하므로 생이 소멸하고, 생이 소멸하므로 늙음·죽음·근심·슬픔·고뇌·절망이 소멸한다.

이리하여 온갖 괴로움의 무더기가 소멸한다.

-『맛지마 니카야』38,「갈애의 소멸에 대한 큰 경」

연기(緣起: Ⓢ pratītya-samutpāda Ⓟ paṭicca-samuppāda)는 '…으로 말미암아 생긴다', '…에 의지하여 생긴다', '…을 조건으로 하여 생긴다'는 뜻이다.

초기불교의 연기는 12연기이고, 12연기는 괴로움이 생기고 소멸하는 과정으로 마음 작용이다. 4성제의 집성제는 괴로움이 생기는 과정이고, 멸성제는 괴로움이 소멸하는 과정이다. 따라서 12연기는 4성제에 포함된다.

'이것이 있으므로 저것이 있고, 이것이 생기므로 저것이 생긴다'에서 '이것'과 '저것'은 어떤 사물을 가리키는 게 아니라 12연기 가운데 하나의 지분(支分)을 가리킨다. 즉, '이것'은 원인(조건)이고, '저것'은 결과이다. 예를 들어 '이것'이 무명이면 '저것'은 행이고, '이것'이 명색이면 '저것'은 6처이고, '이것'이 애이면 '저것'은 취이다.

12연기를 '무명으로 말미암아 행이 생기고, 행으로 말미암아 식이 생기고…'라고 통찰하는 것을 유전문(流轉門)이라 하고, '무명이 소멸하므로 행이 소멸하고, 행이 소멸하므로 식이 소멸하고…'라고 통찰하는 것을 환멸문(還滅門)이라 한다.

붓다는 4성제의 집성제를 유전문으로 통찰했고, 멸성제를 환멸문으로 통찰했다. 즉, 12연기의 유전문과 환멸문으로 집성제와 멸성제를 구체적으로 통찰했다.

　비구들아, 무엇이 집성제인가?
　무명으로 말미암아 행이 생기고, 행으로 말미암아 식이 생기고, 식으로 말미암아 명색이 생기고, 명색으로 말미암아 6처가 생기고, 6처로 말미암아 촉이 생기고, 촉으로 말미암아 수가 생기고, 수로 말미암아 애가 생기고, 애로 말미암아 취가 생기고, 취로 말미암아 유가 생기고, 유로 말미암아 생이 생기고, 생으로 말미암아 늙음·죽음·근심·슬픔·고뇌가 생긴다.

이리하여 온갖 괴로움의 무더기가 생긴다.

비구들아, 이것을 집성제라고 한다.

비구들아, 무엇이 멸성제인가?

무명이 소멸하므로 행이 소멸하고, 행이 소멸하므로 식이 소멸하고, 식이 소멸하므로 명색이 소멸하고, 명색이 소멸하므로 6처가 소멸하고, 6처가 소멸하므로 촉이 소멸하고, 촉이 소멸하므로 수가 소멸하고, 수가 소멸하므로 애가 소멸하고, 애가 소멸하므로 취가 소멸하고, 취가 소멸하므로 유가 소멸하고, 유가 소멸하므로 생이 소멸하고, 생이 소멸하므로 늙음·죽음·근심·슬픔·고뇌가 소멸한다.

이리하여 온갖 괴로움의 무더기가 소멸한다.

비구들아, 이것을 멸성제라고 한다.

-『앙굿타라 니카야』3 :「대품」61, 외도

어떤 것이 무명(無明)인가?

괴로움을 알지 못하고, 괴로움의 발생을 알지 못하고, 괴로움의 소멸을 알지 못하고, 괴로움의 소멸에 이르는 길을 알지 못하는 것이다.

어떤 것이 행(行)인가?

행에 세 가지가 있으니, 신행(身行)·구행(口行)·의행(意行)
이다.

어떤 것이 식(識)인가?

6식(識)이니, 안식(眼識)·이식(耳識)·비식(鼻識)·설식(舌識)·
신식(身識)·의식(意識)이다.

어떤 것이 명(名)인가?

수(受)·상(想)·행(行)·식(識)이다.

어떤 것이 색(色)인가?

4대(大)와 그것에서 파생된 것이다. 명과 색이 다르므로 명
색(名色)이라 한다.

어떤 것이 6입(入)인가?

안의 6입이니, 안입(眼入)·이입(耳入)·비입(鼻入)·설입(舌入)
·신입(身入)·의입(意入)이다.

어떤 것이 촉(觸)인가?

여섯 가지 접촉이니, 안(眼)·이(耳)·비(鼻)·설(舌)·신(身)·의
(意)의 접촉이다.

어떤 것이 수(受)인가?

여기에 세 가지가 있으니, 낙(樂)·고(苦)·불고불락(不苦不樂)
의 느낌이다.

어떤 것이 애(愛)인가?

3애(愛)이니, 욕애(欲愛)·유애(有愛)·무유애(無有愛)이다.

어떤 것이 취(取)인가?

4취(取)이니, 욕취(欲取)·견취(見取)·계취(戒取)·아취(我取)
이다.

어떤 것이 유(有)인가?

3유(有)이니, 욕유(欲有)·색유(色有)·무색유(無色有)이다.

어떤 것이 생(生)인가?

태어나 5음(陰)을 이루고 여러 감각 기관을 받는 것이다.

어떤 것이 노(老)인가?

중생들의 몸에서 이가 빠지고 백발이 되며, 기력이 쇠하고
여러 기관이 문드러지며, 수명이 날로 줄고 본래의 정신이 없
어지는 것이다.

어떤 것이 사(死)인가?

중생들의 몸이 바뀌는 것이니, 몸의 온기가 없어지고 덧없이
변하여 가까이했던 다섯 가지가 각각 흩어져 5음(陰)을 버리고
목숨이 끊어지는 것이다.

　-『증일아함경』 제46권 제5경

12연기를 12인연(因緣)·12유지(有支)라고도 한다. 이것은
괴로움이 어떻게 생기고, 어떻게 소멸하는가를 밝힌 열두 과
정이다.

① 무명(無明)은 4성제(聖諦)를 알지 못하는 것이다.

② 행(行)은 무명으로 일으키는 의지·충동·의욕으로, 여기에 몸과 말과 뜻으로 짓는 신행(身行)·구행(口行)·의행(意行)이 있다.

③ 식(識)은 인식하는 마음 작용으로, 눈[眼]·귀[耳]·코[鼻]·혀[舌]·몸[身]·의식 기능[意]의 6근(根)으로 각각 형상[色]·소리[聲]·냄새[香]·맛[味]·감촉[觸]·의식 내용[法]의 6경(境)을 인식하는 안식(眼識)·이식(耳識)·비식(鼻識)·설식(舌識)·신식(身識)·의식(意識)의 6식(識)이다.

④ 명색(名色)에서 명(名)은 느낌[受]·생각[想]·의지[行]·인식[識]의 작용이고, 색(色)은 4대(大)와 그것에서 파생된 것이다. 4대는 몸의 접촉으로 느끼는 네 가지 특성, 즉 지(地: 견고함)·수(水: 축축함)·화(火: 뜨거움)·풍(風: 움직임)을 말한다. 예를 들어 어떤 물질 대상에 견고한 요소가 많으면 그것을 지(地)라 하고, 뜨거운 요소가 많으면 그것을 화(火)라 한다. 명색은 곧 5온(蘊)의 작용이다.

⑤ 6입(入)은 6처(處)라고도 하는데, 대상을 감각하거나 의식하는 눈·귀·코·혀·몸·의식 기능의 6근(根), 또는 그 작용을 말한다.

⑥ 촉(觸)은 6근(根)의 접촉이다.

⑦ 수(受)는 즐거운 느낌, 괴로운 느낌, 무덤덤한 느낌이다.

⑧ 애(愛)는 목이 말라 애타게 물을 찾듯이, 몹시 탐내어 그칠 줄 모르는 갈애(渴愛)이다. 여기에 감각적 쾌락을 탐하는 욕애(欲愛), 생존에 애착하는 유애(有愛), 생존하고 싶지 않은 무유애(無有愛)가 있다.

⑨ 취(取)는 '번뇌'를 뜻한다. 욕취(欲取)는 욕계(欲界)의 번뇌로, 탐(貪)·진(瞋)·만(慢)·무명(無明) 등을 말하고, 견취(見取)는 몸에 불변하는 자아가 있다는 그릇된 견해와 극단으로 치우친 견해 등을 말한다. 그리고 계취(戒取)는 계율이나 금기에 대한 집착, 아취(我取)는 자아에 집착하는 번뇌를 말한다.

⑩ 유(有)는 중생의 생존 상태로, 욕유(欲有)는 탐욕이 들끓는 생존, 색유(色有)는 탐욕에서는 벗어났으나 아직 형상에 얽매여 있는 생존, 무색유(無色有)는 형상의 속박에서 완전히 벗어난 생존이다.

⑪ 생(生)은 태어나는 괴로움이다.

⑫ 노사(老死)는 늙고 죽는 괴로움이다.

열반의 길

붓다께서 말씀하셨다.

"비구들아, 모든 것이 타고 있다. 활활 타고 있다. 너희들은 먼저 이것을 알아야 한다.

그것은 무슨 뜻인가?

비구들아, 눈이 타고 있다. 그 대상을 향해 타고 있다. 귀도 타고 있다. 코도 타고 있다. 의식도 타고 있다. 모두 그 대상을 향해 활활 타고 있다.

비구들아, 그것들은 무엇으로 타고 있는가?

탐욕[貪]의 불꽃으로 타고, 분노[瞋]의 불꽃으로 타고, 어리석음[癡]의 불꽃으로 타고 있다."

－『상윳타 니카야』 35 : 28, 「불탐」

염부차가 사리불에게 물었다.

"어떤 것을 열반이라 합니까?"

사리불이 말했다.

"열반이란 탐욕이 다 없어지고, 분노가 다 없어지고, 어리석음이 다 없어져, 모든 번뇌가 다 없어진 것을 말합니다."

또 물었다.

"사리불이여, 거듭거듭 수행하면 열반을 얻는 길이 있고 방법이 있습니까?"

"있습니다. 그것은 8정도(正道)이니, 정견(正見) · 정사유(正思惟) · 정어(正語) · 정업(正業) · 정명(正命) · 정정진(正精進) · 정념(正

念)·정정(正定)입니다."

-『잡아함경』제18권 제490-③경

비구야, 배 안의 물을 퍼내어라.

속이 비면 배가 잘 가리니

탐욕과 분노와 어리석음을 버리면

쉽게 열반에 이르리라.

-『법구경』「사문품(沙門品)」

라다가 세존에게 물었다.

"세존이시여, 무엇을 위해 세속을 떠납니까?"

"격렬한 탐욕을 버리기 위해서다."

"무엇을 위해 탐욕을 버립니까?"

"열반을 위해서다."

"그러면 세존이시여, 무엇을 위해 열반을 얻는 겁니까?"

"라다야, 질문이 너무 지나치다. 묻는 데 끝을 모르는구나.

라다야, 나의 가르침은 열반에 이르는 게 목적이다. 우리들
이 청정한 수행을 하는 것도 모두 열반에 이르기 위한 것이고,
열반에서 끝난다."

-『상윳타 니카야』 23 : 1, 「악마」

열반(涅槃)은 ⓢ nirvāṇa ⓟ nibbāna의 음사이고 '불어서 끈 상태'라는 뜻이다. 입으로 불어 꺼진 불처럼, 탐욕과 분노와 어리석음의 불꽃이 완전히 소멸된 상태를 말한다.

탐욕은 가지면 가질수록 더 가지려는 충동이고, 매사가 자신의 생각대로 되기를 바라는 망상이고, 남이 자신을 주목해주고 인정해주기를 바라는 욕구이다. 중생의 탐욕이 끝없는 건 에고에 속박되어 질질 끌려다니기 때문이다.

분노는 '저항'이다. 자신의 뜻대로 되지 않아서 꿈틀대는 저항이고, 남의 생각이나 행동이 자신의 맘에 들지 않는다고 해서 일어나는 저항이고, 허망한 자존심에 상처를 받아서 솟아나는 저항이다. 그러니까 싫거나 기분 나쁘다고 저항하는 게 분노이다. 저항의 뿌리는 에고이고, 분노가 많다는 것은 에고가 강하다는 증거다. 에고의 발현이 저항이고, 탐욕과 집착 때문에 저항한다. 오고 가는 인연을 거스르고, 무상에 순응하지 않는 게 저항이다. 저항은 삶을 고달프게 할 뿐 자신에게 도움이 되는 건 아무것도 없다.

어리석음은 자신이 얼마나 탐욕스럽고 매사에 얼마나 잘 분노하는지를 자각하지 못하는 것이다. 중생은 온갖 현상을 분별하여 '좋다'는 감정에는 탐욕을 일으키고 '나쁘다'는 감정에는 분노하는데, 자신의 내면에 숨어 있는 탐욕과 분노를 꿰뚫어 보지 못하면, 그것을 해소할 길이 없어 열반에 이르는 길은 멀고도 멀다.

탐욕과 분노와 어리석음의 3독(毒)이 괴로움과 불안과 갈등의 근원이라는 걸 통찰하지 못하고, 거기에 휘둘리는 게 중생의 삶이다. 따라서 3독의 불꽃을 끄는 과정, 이것이 불교의 수행이다. 그 불꽃이 수그러지면 괴로움과 불안과 부질없는 생각이 점점 희박해져 청량한 열반으로 나아간다.

붓다께서 말씀하셨다.

"포탈리야야, 탐욕은 마치 마른 풀로 엮은 횃불을 들고 바람 부는 쪽으로 걸어가는 것과 같다. 그 횃불을 빨리 버리지 않으면 손이 타는 고통을 당할 것이다.

포탈리야야, 그래서 나의 제자들은 '탐욕은 마른 풀로 엮은 횃불과 같다. 그것 때문에 괴로움이 많다'고 생각한다.

그들은 이렇게 탐욕을 꿰뚫어 보고 세속의 온갖 집착을 끊으려고 한다."

-『맛지마 니카야』 54, 「포탈리야경」

아난존자가 전타(栴陀)라는 출가한 외도에게 말했다.

"탐욕에 물들어 집착하면 마음을 덮어버리기 때문에 자기를 해치기도 하고 남을 해치기도 하며 자기와 남을 함께 해치기도 합니다. 그래서 그는 현세에서 죄를 받기도 하고 후세에 죄

를 받기도 하며 현세와 후세에서 모두 죄를 받기도 합니다. 그
래서 그는 항상 근심하고 괴로워하는 감정을 품게 됩니다. 또
마음이 분노에 덮이고 어리석음에 덮이면, 자기를 해치기도 하
고 남을 해치기도 하며 자기와 남을 함께 해치기도 합니다. 그
래서 그는 항상 근심하고 괴로워하는 감정을 품게 됩니다.

또 탐욕은 눈을 멀게 하고 지혜를 없애며 지혜의 힘을 약하
게 하고 장애가 됩니다. 그것은 밝음이 아니고 평등한 깨달음
도 아니며 열반으로 나아가지 못하게 합니다. 분노와 어리석음
도 그와 같습니다."

 -『잡아함경』 제35권 제973경

 탐욕에서 근심이 생기고
 탐욕에서 두려움이 생긴다.
 해탈하여 탐욕을 없애면
 무엇을 근심하고 두려워하랴.

 -『법구경』「호희품(好喜品)」

열반에 유여열반(有餘涅槃)과 무여열반(無餘涅槃)이 있는
데, 전자는 열반에 이르렀으나 아직 '5온(蘊)'이 남아 있는 열
반'이라는 뜻이고, 후자는 '5온이 남아 있지 않은 열반'이라
는 뜻이다. 즉 전자는 살아서 3독이 소멸된 상태이고, 후자는

죽음이다.

(1) 몸-마음에 대한 바른 통찰-5온(蘊)

온(蘊)은 '무더기'·'모임'·'더미'라는 뜻이다. 5온은 인간을 구성하는 다섯 가지 요소의 무더기로, 5음(陰)·5수음(受陰)이라고도 한다. 수(受)는 '집착'이라는 뜻이다.

① 색온(色蘊). 몸이라는 무더기.

② 수온(受蘊)은 괴로움이나 즐거움 등, 느낌의 무더기.

③ 상온(想蘊)은 생각·관념의 무더기.

④ 행온(行蘊)은 의지·충동·의욕의 무더기.

⑤ 식온(識蘊)은 식별하고 판단하는 인식의 무더기.

색(色)·수(受)·상(想)·행(行)·식(識)은 곧 '몸-마음'이다.

비구들아, 몸[色]·느낌[受]·생각[想]·의지[行]·인식[識]은 무상하다. 이것들을 일어나게 한 원인과 조건도 무상하다.

비구들아, 무상한 것에서 일어난 것들이 어찌 영원하겠는가.

－『상윳타 니카야』 22 : 18, 「원인(1)」

"세존이시여, '고(苦)', '고(苦)' 하시는데, 어떤 것을 고라고 합니까?"

"라다야, 몸은 고이고, 느낌은 고이고, 생각은 고이고, 의지는 고이고, 인식은 고이다.

라다야, 나의 가르침을 들은 제자들은 이렇게 관찰하여 몸을 싫어하여 떠나고, 느낌·생각·의지·인식을 싫어하고 떠나 거기에 집착하지 않는다. 집착하지 않으므로 해탈에 이른다."

－『상윳타 니카야』 23 : 15, 「괴로움(1)」

몸은 모인 물거품

느낌은 물 위의 거품

생각은 봄날의 아지랑이

모든 의지는 파초

모든 인식은 허깨비 같다고

석가족의 존자는 설했네.

－『잡아함경』 제10권 제265경

나타 비구가 붓다에게 여쭈었다.

"세존이시여, 중생이란 어떤 자를 말합니까?"

붓다께서 말씀하셨다.

"몸에 집착하고 얽매이는 자를 중생이라 하고, 느낌·생각·의지·인식에 집착하고 얽매이는 자를 중생이라 한다.

나타야, 몸의 경계는 반드시 허물어 소멸시켜야 하고, 느낌·생각·의지·인식의 경계도 반드시 허물어 소멸시켜야 한다. 그래서 애욕을 끊어 애욕이 다하면 괴로움이 다할 것이니, 괴로움이 다한 사람을 나는 '괴로움의 끝에 이르렀다'고 한다.

비유하면 마을의 어린이들이 놀이로 흙을 모아 성과 집을 만들어놓고, 소중히 여기고 집착하여 애욕이 끝이 없고 생각이 끝이 없고 탐닉이 끝이 없어, 늘 아끼고 지키면서 말하기를 '내 성이다, 내 집이다' 하다가 그 흙더미에 애욕이 다하고 생각이 다하고 탐닉이 다하면 손으로 파헤치고 발로 차서 허물어뜨리는 것과 같다."

-『잡아함경』 제6권 제122경

어느 때 붓다께서 사위국 기수급고독원에서 여러 비구들에게 말씀하셨다.

"몸은 무상하다. 무상은 곧 괴로움이고, 괴로움은 자아가 아니며, 자아가 아니면 내 것 또한 아니다. 이렇게 통찰하는 것을 진실하고 바른 통찰이라 한다.

이와 같이 느낌·생각·의지·인식도 무상하다. 무상은 곧 괴로움이고, 괴로움은 자아가 아니며, 자아가 아니면 내 것 또한 아니다. 이렇게 통찰하는 것을 진실하고 바른 통찰이라 한다.

거룩한 제자들아, 이렇게 통찰하는 자는 몸을 싫어하고, 느낌·생각·의지·인식을 싫어하고, 싫어하므로 즐기지 않고 즐기지 않으므로 해탈하게 된다."

-『잡아함경』제1권 제9경

5온은 집착의 무더기이고, 5온에 집착이 번성하고, 5온에 집착하므로 괴로움이다. 5온에 대한 집착이 '나'에 대한 집착이고, '몸-마음'에 대한 집착이고, 중생의 첫 번째 집착이다. 집착을 뿌리로 한 5온은 괴로움일 수밖에 없고, 온갖 괴로움은 5온을 바탕으로 해서 일어난다. 12연기의 괴로움도 5온으로 말미암아 생긴다.

무명(無明)으로 말미암아 행(行)이 있고, 행으로 말미암아 식(識)이 있고, 식으로 말미암아 명색(名色)이 있고, 명색으로 말미암아 육입(六入)이 있고, 육입으로 말미암아 촉(觸)이 있고, 촉으로 말미암아 수(受)가 있고, 수로 말미암아 애(愛)가 있고, 애로 말미암아 취(取)가 있고, 취로 말미암아 유(有)가 있고, 유로 말미암아 사(死)가 있고, 사로 말미암아 근심·걱정·고뇌가 헤아릴 수 없다.

이 5온으로 말미암아 이런 것들이 발생한다.

-『증일아함경』제42권 제3경

이슬 같고 물거품 같고 아지랑이 같은 5온을 보석으로 착각하니, 거기에 집착할 수밖에 없고 얽매일 수밖에 없지만,

5온의 안전은 인연에 달려 있는 것이지 자신이 통제할 수 있는 게 아니다. 몸-마음을 구성하는 일시적인 5온의 무더기를 '나'라고 지칭하는데, 그 '나'에는 고유한 실체도 없고, 불변하는 본질도 없고, 독자적인 개체적 '자아'도 없다. 온갖 괴로움과 불안과 갈등은 5온을 근원으로 해서 일어나기 때문에 거기에 대한 끈질긴 집착이 희박해지지 않으면 결코 평온에 이르지 못한다.

몸을 아무리 애지중지해도, 그것은 자신의 의지와 관계없이 인연 따라 지탱되다가 인연 따라 허물어지는 무더기일 뿐이다. 한량없는 인연의 그물 속에서 생긴 건 반드시 소멸하고, 나타난 건 반드시 사라지고, 모인 건 반드시 흩어진다. 몸에 대한 과도한 집착이 불안과 두려움의 근원이므로 몸에 속박되는 한 결코 불안과 두려움에서 벗어나지 못한다.

따라서 5온은 집착의 대상이 아니라 '알아차리기'의 대상이어야 한다. '나 자신'을 5온으로 해체해서 거기에서 매 순간 일어났다가 사라지고 사라졌다가 일어나는 몸-마음의 생멸을 끊임없이 알아차려서 무상(無常)과 고(苦)와 무아(無我)를 통찰해야 한다. 이것을 지속적으로 통찰하는 과정에서 몸-마음에 대한 집착이 서서히 소멸해가고, 개체적 '자아'라는 생각이 점점 엷어져 온갖 속박에서 점차 벗어나게 된다.

마하구치라가 사리불에게 물었다.

"비구가 아직 확실한 법을 얻지 못해 그것을 구하려면, 어떤 수행을 하고 어떤 법을 사유해야 합니까?"

사리불이 대답했다.

"확실한 법을 구하려면 정성을 다해 5수음(受陰)은 병 같고 등창 같고 가시 같고 상처 같고, 무상하고 괴롭고 텅 비어 자아가 없다고 사유해야 합니다."

－『잡아함경』제10권 제259경

5온에 대한 집착을 끊고
고요히 사유하여 지혜로워지면
다시는 괴로움의 연못으로 돌아가지 않나니
모든 것을 버려 그 마음이 밝다.
－『법구경』「명철품(明哲品)」

비구야, 부지런히 거듭 수행해
무더기로 이루어진 이 몸을 관찰하고
밤낮으로 항상 오로지 한곳에 집중해
바른 지혜로 알아차리기를 확립하면
온갖 분별 영원히 쉬어
청량한 곳에 이르리라.

마하콧티타가 사리불에게 물었다.

"벗이여, 느낌[受]과 생각[想]과 인식[識]은 결합되어 있습니까, 분리되어 있습니까? 이것들을 분리해서 차이를 드러낼 수 있습니까?"

사리불이 말했다.

"벗이여, 이것들은 결합되어 있어서 분리해서 차이를 드러낼 수 없습니다. 왜냐하면 사람들은 느낀 것을 생각하고, 생각한 것을 인식하기 때문입니다."

-『맛지마 니카야』43, 「교리 문답의 큰 경」

붓다께서 여러 비구들에게 말씀하셨다.

"비구들아, 어리석고 배운 게 없는 범부들은 몸의 접촉으로 여러 느낌이 일어나 고통이 증가하고 목숨을 잃을 지경이 되면, 근심·걱정에 사로잡혀 원망하고 울부짖으며 마음이 미친 듯 날뛴다. 그때 두 가지 느낌이 점점 심해지나니, 몸의 느낌[身受]과 마음의 느낌[心受]이다.

비유하면 젊은 사내가 몸에 두 개의 독화살을 맞고 지극히 고통스러워하는 것과 같다. 어리석고 배운 게 없는 범부도 그와 같아서 두 가지 느낌, 즉 몸의 느낌과 마음의 느낌이 점점 심해져 지극히 고통스러워한다. (…)

배운 게 많은 거룩한 제자는 몸의 접촉으로 괴롭다는 느낌이 일어나 큰 고통이 닥쳐와 목숨을 잃을 지경이 되더라도 근심과 슬픔에 사로잡혀 원망하거나 울부짖거나 마음이 혼란스러워 발광하지 않는다. 그런 때에는 오직 한 가지 느낌만 일어나나니, 몸의 느낌[身受]만 일어나고 마음의 느낌[心受]은 일어나지 않는다.

비유하면 젊은 사내가 하나의 독화살을 맞고 두 번째 독화살은 맞지 않는 것처럼, 그런 때에는 오직 한 가지 느낌만 일어나나니, 몸의 느낌만 일어나고 마음의 느낌은 일어나지 않는다."

　－『잡아함경』 제17권 제470경

(2) 무상(無常)·고(苦)·무아(無我)

"세존이시여, 자주 '무상·무상' 하시는데, 무엇을 무상이라 합니까?"

"라다야, 우리의 몸[色]은 변한다. 우리의 느낌[受]은 변한다. 우리의 생각[想]은 변한다. 우리의 의지[行]는 변한다. 우리의 인식[識]은 변한다.

라다야, 이같이 관찰해서 일체를 떠나라. 일체를 떠나면 탐욕이 없어지고, 탐욕이 없어지면 해탈할 수 있다. 해탈한 그때, 미혹된 삶은 끝난다."

　-『상윳타 니카야』 23 : 13, 「무상(1)」

　비구들아, 무상한 몸·느낌·생각·의지·인식을 무상하다고 보면 올바른 앎을 얻는다.

　-『상윳타 니카야』 22 : 51, 「즐거움의 소멸(1)」

　모이는 성질을 가진 것은 반드시 흩어지는 성질을 가지고 있어서, 모든 현상은 매 순간 일어났다가 사라지고 사라졌다가 일어나기를 끊임없이 반복하면서 변해가므로 무상하다. 무상의 대표적인 현상이 생(生)·노(老)·병(病)·사(死)이다. 인간은 무상하기 때문에 죽지만 무상하기 때문에 태어나서 늙고 병든다.

　생로병사가 무상인데, 어찌 무상 아닌 게 있을 수 있겠는가. 무상은 현실이다. 무상 속에 파묻혀 살아가면서 무상에 저항하는 건 현실에 대한 저항이다. 따라서 무상에 저항하면 괴로움과 불안의 나락에 빠진다.

　그러면 왜 무상에 자신을 내맡기지 못하는가?

　그것은 자신이 무상하고 싶지 않기 때문이다. 늙지 않고 병들지 않고 죽고 싶지 않기 때문이다. 이 세상에 무상 아닌

게 없는데 무상과 충돌하니, 불안하고 두려울 수밖에 없다. 그러니 무상의 바깥에서 서성이지 않고 무상 속으로 들어가 무상에 자신을 그냥 내맡겨버리는 것, 이것으로 괴로움과 불안이 사라져 평온에 이른다.

> 붓다께서 나타에게 물으셨다.
> "몸은 영원한가, 무상한가?"
> "무상합니다, 세존이시여."
> "무상하다면 그것은 괴로운 것인가?"
> "그렇습니다, 세존이시여."
> ─『잡아함경』 제6권 제120경

생로병사가 무상이면서 괴로움이고, '나 자신'에서 매 순간 일어났다가 사라지는 생멸이 끊임없이 되풀이되므로 무상이고 괴로움이다.

자신의 바람대로 되지 않으니 괴로움이고, 중생의 5온에는 집착이 번성하므로 괴로움이고, 또 이 5온에 집착하여 불안과 긴장과 두려움이 일어나므로 괴로움이다.

중생의 마음은 모든 현상을 '좋다/싫다', '즐겁다/괴롭다', '아름답다/추하다' 등으로 분별해서 그 2분의 한쪽을 회피하고 다른 한쪽에 집착한다. 그러나 집착해서 가질 수 있는 것도 아니고, 회피해서 벗어날 수 있는 것도 아니다. 그래서 집착과 회피를 끊임없이 반복하므로 늘 불안정하고, 얽매이고, 불안하다. 이러한 마음 상태가 곧 괴로움이다.

　어떤 사람이 사리불에게 물었다.
　"사리불이여, '고·고'라고 합니다만, 어떤 것을 고라고 합니까?"
　"벗이여, 이런 세 가지가 고입니다. 그것은 고고(苦苦)·행고(行苦)·괴고(壞苦)입니다.
　벗이여, 이 세 가지가 고입니다."
　-『상윳타 니카야』38 : 14, 「괴로움」

　고고는 태어나서 늙고 병들고 죽는 괴로움이고, 행고는 5온에 집착하여 불안과 긴장과 두려움이 일어나는 괴로움이고, 괴고는 바람이 무너짐으로써 받는 괴로움이다.

　비구들아, 갠지스 강의 물결을 보아라. 거기에는 실체도 없고 본질도 없다.
　비구들아, 어떻게 물결에 실체와 본질이 있겠는가.

　몸은 물결

느낌은 물거품

생각은 아지랑이

의지는 파초

인식은 허깨비.

이것이 세존의 가르침이다.

   -『상윳타 니카야』 22 : 95 「물거품」

비구들아, 몸은 무아이다. 만약 몸이 '자아'라면 이 몸에 병이 생기지 않을 것이고, 몸에게 '나의 몸은 이렇게 되고, 저렇게 되지 마라'고 하면 뜻대로 되어야 할 것이다.

그러나 비구들아, 몸은 무아이기 때문에 병이 생기고, 몸에게 '나의 몸은 이렇게 되고, 저렇게 되지 마라'고 해도 뜻대로 되지 않는 것이다.

   -『상윳타 니카야』 22 : 59, 「다섯 명」

비구들아, 몸을 자세히 관찰하고 사유하라.

거기에는 실체도 없고, 견고함도 없다. 그것은 병 같고 등창 같고 가시 같고 상처 같으며, 무상하고 괴롭고 텅 비어 자아가 없다. 왜냐하면 몸은 견실하지 않기 때문이다.

   -『잡아함경』 제10권 제265경

"소냐야, 어떻게 생각하느냐? 몸은 영원한가, 무상한가?"

"세존이시여, 무상합니다."

"무상하다면, 그것은 괴로운 것이냐, 즐거운 것이냐?"

"세존이시여, 괴로운 것입니다."

"무상하고 괴로운 것이라면, 그것을 관찰하여 이것은 '내 것'이다, 이것은 '자아'다, 이것은 '나의 본질'이라고 할 수 있겠느냐?"

"세존이시여, 그럴 수는 없습니다."

–『상윳타 니카야』22 : 49, 「소냐(1)」

'나'라는 말은 5온의 일시적인 무더기에 붙인 지칭·명칭일 뿐, 5온에는 불변하는 실체도 없고, 고유한 본질도 없고, 독자적인 자아도 없으므로 무아이다. 또 무아는 '자아라는 생각'과 '자아에 대한 집착'이 소멸된 상태이고, '자아'가 해체된 상태이다. 몸-마음에 대한 집착이 죽고, '내 것'이라는 생각이 죽고, 에고가 죽어 '나'와 '남'의 경계가 붕괴해버린 경지이다.

인연 따라 일어났다가 사라지고 사라졌다가 일어나기를 거듭하는 모든 현상의 생멸을 끊임없이 알아차리고, 그 현상의 진행을 무상·고·무아라고 통찰하는 게 불교의 길이다. 5온을 무상·고·무아라고 거듭 알아차리고 거듭 통찰함으로써 몸-마음에 대한 집착이 점점 희박해져 가고, 그것의 속박에서 점차 벗어나게 된다. 그래서 무상·고·무아를 열반으로 가는 세 관문이라 한다.

그때 비구가 천타(闡陀)에게 말했다.

"몸은 무상하고, 느낌·생각·의지·인식도 무상하다. 모든 의식 작용은 무상하다. 모든 현상은 무아이다. 열반은 적멸이다."

–『잡아함경』제10권 제262경

"비구들아, 죽음을 면하려거든 네 가지 근본 진리를 사유하라. 어떤 것이 네 가지인가?

모든 의식 작용은 '무상'하다. 이것이 첫 번째 근본 진리이니, 사유하고 수행하라.

모든 의식 작용은 '고'이다. 이것이 두 번째 근본 진리이니, 다 함께 사유하라.

모든 현상은 '무아'이다. 이것이 세 번째 근본 진리이니, 다 함께 사유하라.

모든 번뇌의 소멸이 '열반'이다. 이것이 네 번째 근본 진리이니, 다 함께 사유하라.

비구들아, 이 네 가지 근본 진리를 사유하라. 왜냐하면 그것으로 태어남·늙음·병듦·죽음·근심·슬픔·번뇌 등의 괴로움에서 벗어날 수 있기 때문이다."

  -『증일아함경』제23권,「증상품(增上品)」제4경

  ① 모든 의식 작용은 무상하다[一切行無常], ② 모든 의식
작용은 고이다[一切行苦], ③ 모든 현상은 무아이다[一切法無
我], ④ 모든 번뇌의 소멸이 열반이다[滅盡爲涅槃]를 4법인(法
印)이라 한다. 법(法)은 붓다의 '가르침'이고, 인(印)은 '특징'
이라는 뜻이다. 4법인에서 ②를 빼고 3법인이라 하고, 4법인
에서 ④를 빼고 3법인이라고도 한다.

(3) 계(戒)·정(定)·혜(慧) – 3학(學)

  열반에 이르려는 수행자가 반드시 닦아야 할 세 가지 수
행으로, 계학(戒學)·정학(定學)·혜학(慧學)을 말한다. 계학은
계율을 지키는 것이고, 정학은 4선(禪)을 닦는 수행, 혜학은
4성제(聖諦)를 통찰하는 수행이다.

  어느 때 붓다께서 사위국 기수급고독원에서 여러 비구들에
게 말씀하셨다.
  "비구들아, 3학(學)이 있다. 어떤 것이 세 가지인가?
  뛰어난 계학(戒學), 뛰어난 정학(定學), 뛰어난 혜학(慧學)이다.
  어떤 것이 뛰어난 계학인가?

만약 비구가 계율을 지켜 규율에 맞는 몸가짐과 행위를 원
만하게 갖추고, 가벼운 죄를 보아도 두려운 마음을 내어 계율
을 지니면, 이것을 뛰어난 계학이라 한다.

어떤 것이 뛰어난 정학인가?

만약 비구가 온갖 악하고 불건전한 것들을 여의고, 일으킨
생각과 지속적인 고찰이 있고, 온갖 악하고 불건전한 것들을
여읜 데서 생긴 기쁨과 안락이 있는 초선(初禪)에 원만하게 머
물고 (…) 제4선(禪)에 원만하게 머물면, 이것을 뛰어난 정학이
라 한다.

어떤 것이 뛰어난 혜학인가?

만약 비구가 괴로움이라는 성스러운 진리를 진실 그대로 알
고, 괴로움의 발생이라는 성스러운 진리, 괴로움의 소멸이라는
성스러운 진리, 괴로움의 소멸에 이르는 길이라는 성스러운 진
리를 진실 그대로 알면, 이것을 뛰어난 혜학이라 한다."

　　-『잡아함경』 제30권 제832경

인용문에서 '불건전한 것'은 열반에 이르는 데 장애가 되
는 탐욕과 분노와 어리석음의 3독(毒)을 말하고, '일으킨 생
각'은 집중하는 대상에 대해 일으킨 생각이고, '지속적인 고
찰'은 그 대상에 대한 지속적인 고찰이다.

3학에서 첫 번째가 계학이듯이, 불교의 수행은 계율을 바

탕으로 하고, 계율을 간직한 삶은 청정하여 허물이 없고, 계율을 지키는 그 자체가 열반에 이르는 길이다.

정학을 닦는 수행자는 4선(禪)에 이르게 되는데, 초선은 애욕을 떠남으로써 기쁨과 안락이 있는 상태이고, 제2선은 마음이 고요하고 한곳에 집중됨으로써 기쁨과 안락이 있는 상태이다. 제3선은 평온과 알아차리기와 분명한 앎을 지니고 안락에 머무는 상태이고, 제4선은 평온과 알아차리기로 청정해진 상태이다.

혜학은 4성제를 진실 그대로 통찰하는 수행이다.

"비구가 수시로 뛰어난 계학과 뛰어난 정학과 뛰어난 혜학을 닦아서 때가 되면, 자연히 아무런 번뇌도 일어나지 않아 마음이 잘 해탈할 것이다."
-『잡아함경』 제29권 제827경

3학을 풀어놓으면 8정도이고, 8정도를 간추리면 3학이다.

3학을 간략하게 말하면, 계학은 남에게 해를 끼치지 않으면서 자신을 보호하고 단속하는 일이고, 정학은 마음을 하나의 대상에 집중하는 상태이고, 혜학은 4성제를 통찰하는 것이다.

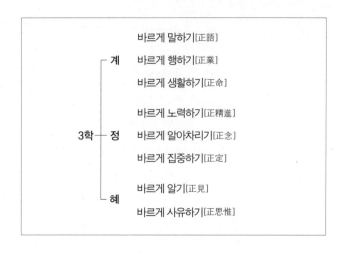

```
                      바르게 말하기[正語]
              계      바르게 행하기[正業]
                      바르게 생활하기[正命]

                      바르게 노력하기[正精進]
   3학  ─  정      바르게 알아차리기[正念]
                      바르게 집중하기[正定]

                      바르게 알기[正見]
              혜      바르게 사유하기[正思惟]
```

(4) 네 가지 바른 노력–4정근(正勤)

4정단(正斷)이라고도 한다. 열반에 이르기 위해 닦아야 하는 네 가지 바른 노력으로, 나태함과 나쁜 행위를 끊을 수 있기 때문에 단(斷)이라 한다.

어느 때 붓다께서 사위국 기수급고독원에서 여러 비구들에게 말씀하셨다.

"4정단(正斷)이 있다. 어떤 것이 네 가지인가?

하나는 단단(斷斷), 둘은 율의단(律儀斷), 셋은 수호단(隨護斷), 넷은 수단(修斷)이다.

어떤 것이 단단인가?

비구가 이미 생긴 악하고 불건전한 것들을 끊으려는 의욕을 가지고 부지런히 노력하는 데 마음을 쏟는 것이다.

어떤 것이 율의단인가?

아직 생기지 않은 악하고 불건전한 것들이 생기지 않도록 의욕을 가지고 부지런히 노력하는 데 마음을 쏟는 것이다.

어떤 것이 수호단인가?

아직 생기지 않은 건전한 것들이 생기도록 의욕을 가지고 부지런히 노력하는 데 마음을 쏟는 것이다.

어떤 것이 수단인가?

이미 생긴 건전한 것들을 더욱더 닦고 익히려는 의욕을 가지고 부지런히 노력하는 데 마음을 쏟는 것이다."

-『잡아함경』제31권 제877경

인용문에서 '불건전한 것'은 열반에 이르는 데 장애가 되는 탐욕과 분노와 어리석음의 3독(毒)을 말하고, '건전한 것'은 3독이 감소된 상태를 말한다.

악을 막고 없애고, 선을 생기게 하고 유지하는 것.

이것이 붓다가 가르친 4정근이다.

이를 닦는 비구는

괴로움의 소멸에 이른다.

-『앙굿타라 니카야』 4 : 「행품(行品)」 11, 행(行)

(5) 다섯 가지 마음의 기능―5근(根)

열반에 이르게 하는 다섯 가지 마음의 기능을 말한다. 근 (根, ⓈⓅ indriya)은 '기관'·'기능'·'작용'을 뜻한다.

어느 때 붓다께서 사위국 기수급고독원에서 여러 비구들에 게 말씀하셨다.

"5근(根)이 있다. 어떤 것이 5근인가?

신근(信根)·정진근(精進根)·염근(念根)·정근(定根)·혜근(慧根)이다.

신근은 4불괴정(不壞淨)을 아는 것이고, 정진근은 4정단(正斷)을 아는 것이고, 염근은 4염처(念處)를 아는 것이고, 정근은 4선(禪)을 아는 것이고, 혜근은 4성제(聖諦)를 아는 것이다."

-『잡아함경』제26권 제646경

어느 때 붓다께서 사위국 기수급고독원에서 여러 비구들에 게 말씀하셨다.

"5근(根)이 있다. 어떤 것이 5근인가?

신근(信根)·정진근(精進根)·염근(念根)·정근(定根)·혜근(慧根)이다.

어떤 것이 신근(信根)인가?

비구가 여래에게 일으킨 청정한 신심(信心)의 근본이 견고하여 다른 사문·바라문과 모든 신·악마·범천과 그 밖의 세상 사람들이 그 마음을 무너뜨릴 수 없는 것을 신근이라 한다.

어떤 것이 정진근(精進根)인가?

이미 생긴 악하고 불건전한 것들을 끊으려는 의욕을 가지고 방편을 써서 마음을 집중하여 힘써 정진하고, 아직 생기지 않은 악하고 불건전한 것들이 생기지 않도록 의욕을 가지고 방편을 써서 마음을 집중하여 힘써 정진하며, 아직 생기지 않은 건전한 것들이 생기도록 의욕을 가지고 방편을 써서 마음을 집중하여 힘써 정진하고, 이미 생긴 건전한 것들이 사라지지 않도록 더욱더 닦고 익히려는 의욕을 가지고 방편을 써서 마음을 집중하여 힘써 정진하는 것을 정진근이라 한다.

어떤 것이 염근(念根)인가?

비구가 몸의 안과 겉을 있는 그대로 관찰하여 알아차리기를 확립하면서 간절히 정진하고 바르게 알아차리기와 바른 지혜로 세상의 탐욕과 근심을 다스리며, 느낌·마음·현상의 안과 겉을 있는 그대로 관찰하여 바르게 알아차리기와 바른 지혜로 세상의 탐욕과 근심을 다스리는 것을 염근이라 한다.

어떤 것이 정근(定根)인가?

비구가 탐욕과 악하고 불건전한 것들을 여의어서, 일으킨 생각과 지속적인 고찰이 있고 기쁨과 안락을 느끼는 초선을 원만하게 성취하여 머물고 (…) 제4선을 원만하게 성취하여 머무는 것을 정근이라 한다.

어떤 것이 혜근(慧根)인가?

비구가 괴로움이라는 성스러운 진리를 진실 그대로 알고, 괴로움의 발생이라는 성스러운 진리, 괴로움의 소멸이라는 성스러운 진리, 괴로움의 소멸에 이르는 길이라는 성스러운 진리를 진실 그대로 아는 것을 혜근이라 한다."

–『잡아함경』제26권 제647경

인용문에서 '4불괴정(不壞淨)'은 불(佛)·법(法)·승(僧)과 계율에 대한 견고하고 청정한 믿음을 말한다.

어느 때 붓다께서 사위국 기수급고독원에서 여러 비구들에게 말씀하셨다.

"너희들은 가엾이 여기는 마음과 자비로운 마음을 내야 한다. 만약 어떤 사람이 너희들의 말을 듣고 즐겁게 받아들이거든 그들에게 네 가지 견고하고 청정한 믿음을 설하여 그들이 거기에 들어가 머물도록 해라.

어떤 것이 네 가지인가?

불(佛)에 대한 견고하고 청정한 믿음과 법(法)에 대한 견고하고 청정한 믿음과 승(僧)에 대한 견고하고 청정한 믿음과 거룩한 계율을 성취하는 것이다. 왜냐하면 지·수·화·풍의 4대(大)는 변하거나 증감이 있지만, 이 네 가지 견고하고 청정한 믿음은 증감과 변함이 없기 때문이다.

증감과 변함이 없다는 것은, 배운 게 많은 거룩한 제자가 불(佛)에 대한 견고하고 청정한 믿음을 성취하고도 지옥이나 축생이나 아귀에 떨어지는 그런 일은 없다는 말이다.

그러므로 비구들아, 다짐하기를 '나는 반드시 불(佛)에 대한 견고하고 청정한 믿음과 법(法)과 승(僧)에 대한 견고하고 청정한 믿음과 거룩한 계율을 성취할 것이고, 다른 사람도 반드시 그 원을 세우고 성취하게 하리라'고 해야 한다."

－『잡아함경』제30권 제836경

(6) 들숨과 날숨을 알아차리기

비구들아, 만약 어떤 사람이 "사문 싯다르타는 우안거(雨安居) 동안 어떤 수행을 자주 하는가?" 하고 물으면, 너희들은 "세존은 들숨과 날숨을 알아차리는 수행을 자주 하면서 우안거를 보내셨다"고 말하라.

비구들아, 나는 바르게 관찰하면서 숨을 들이쉬고, 바르게 관찰하면서 숨을 내쉰다.

-『상윳타 니카야』54 : 11,「잇차낭갈라」

비구들아, 비구는 어떻게 몸에서 몸을 관찰하면서 머무는가?

비구는 숲속에 가거나 나무 아래에 가거나 한적한 곳에 가서 가부좌하고 상체를 곧게 세우고 전면에 알아차리기를 확립한다.

그러고는 알아차리면서 숨을 들이쉬고 알아차리면서 숨을 내쉰다. 길게 들이쉬면서 '길게 들이쉰다'고 알고, 길게 내쉬면서 '길게 내쉰다'고 안다. 짧게 들이쉬면서 '짧게 들이쉰다'고 알고, 짧게 내쉬면서 '짧게 내쉰다'고 안다.

-『디가 니카야』22,「대염처경」

비구들아, 들숨과 날숨 속에서 죽음에 대해 사유한다면 곧바로 생로병사와 근심·걱정과 고뇌에서 벗어날 것이다.

-『증일아함경』제35권 제8경

초기불교의 수행은 들숨과 날숨을 알아차리는 것에서 시작한다. 이 수행을 집중적으로 거듭함으로써 4염처(念處) 수행에 이르고, 이 수행을 계속해나가면 7각지(覺支)를 체험하게 된다.

비구들아, 들숨과 닐숨을 알아차리는 수행을 거듭거듭 하면 4염처를 성취하게 된다.

4염처를 거듭거듭 수행하면 7각지를 성취하게 된다.

7각지를 거듭거듭 수행하면 지혜와 해탈을 성취하게 된다.

비구들아, 들숨과 날숨을 알아차리는 수행을 어떻게 거듭해야 큰 결실과 이익이 있는가?

어떤 비구가 숲이나 나무 아래나 빈방에서 가부좌하고 상체를 곧게 세우고 전면에 알아차리기를 확립한다. 그러고는 알아차리면서 숨을 들이쉬고 알아차리면서 숨을 내쉰다.

－『맛지마 니카야』 118, 「들숨과 날숨을 알아차리는 경」

모든 현상은 매 순간 생멸을 끝없이 교차한다. 호흡할 때 들숨을 생(生), 날숨을 멸(滅)이라 관찰하여 들숨과 날숨 속에서 생멸을 계속 관찰해나가면 모든 현상의 생멸이 점점 분명하게 보이고, 그 현상에 대한 집착이 서서히 떨어져 나간다.

호흡에는 과거도 없고 미래도 없고, 오직 '지금 이 순간'만 있다. 바로 코앞의 들숨과 날숨을 계속 알아차리는 동안은 번뇌와 망상이 없는 '지금 여기'에 현존하게 된다. 현존하는 삶에는 불안도 없고 갈등도 없고 두려움도 없다. '지금'의 호흡에 집중하고, 마음이 과거나 미래로 가지 않도록 단속하는

것이 수행의 첫걸음이니, 스승은 먼 데 있는 게 아니라 바로
코앞에 있다.

　　라훌라가 세존께 여쭈었다.
　　"어떻게 호흡 수행을 해야 근심·걱정이 제거되고, 온갖 생각
이 끊어져서 큰 과보를 성취해 감로(甘露)의 맛을 얻을 수 있습
니까?"
　　세존께서 말씀하셨다.
　　"좋고 좋구나, 라훌라야. 네가 내 앞에서 사자의 외침으로 그
이치를 묻는구나. 잘 듣고 사유하고 기억해라. 내가 너에게 자
세히 설하겠다."
　　"그렇게 하겠습니다, 세존이시여."
　　"어떤 비구가 사람이 없는 한적한 곳에서 몸과 마음을 바르
게 하고 결가부좌하여 다른 생각을 없애고 뜻을 코끝에 집중
한다.
　　날숨이 길면 긴 줄 알고, 들숨이 길면 긴 줄 알며, 날숨이 짧
으면 짧은 줄 알고, 들숨이 짧으면 짧은 줄 안다. 날숨이 차가
우면 차가운 줄 알고, 들숨이 차가우면 차가운 줄 알며, 날숨이
따뜻하면 따뜻한 줄 알고, 들숨이 따뜻하면 따뜻한 줄 알아 들
숨과 날숨을 잘 관찰한다.
　　어떤 때에 숨이 있으면 있는 줄 알고, 어떤 때에 숨이 없으면

없는 줄 알며, 숨이 심장에서 나오면 심장에서 나오는 줄 알고, 숨이 심장으로 들어가면 심장으로 들어가는 줄 안다.

라훌라야, 이렇게 호흡 수행을 하면 근심·걱정과 산란한 생각이 없어져서 큰 과보를 성취해 감로의 맛을 얻게 될 것이다."

-『증일아함경』제7권, 17 「안반품(安般品)」

(7) 몸·느낌·마음·현상에 대한 알아차리기의 확립-4염처(念處)

4염처를 4염주(念住)·4의지(意止)라고도 한다. 네 가지 알아차리기의 확립, 즉 몸[身]·느낌[受]·마음[心]·현상[法]을 있는 그대로 관찰해서 알아차리기를 확립한다는 뜻이다.

세존께서 말씀하셨다.

"비구들아, 이것은 모든 중생을 청정하게 하고, 근심과 탄식을 건너게 하고, 육체적 괴로움과 정신적 괴로움을 사라지게 하고, 올바른 길을 터득하게 하고, 열반을 실현하게 하는 유일한 길이다. 그것은 곧 4염처(念處)이다.

무엇이 4염처인가?

비구들아, 비구가 몸[身]에서 몸을 관찰하면서 머문다. 세간에 대한 탐욕과 싫어하는 마음을 버리고, 근면하게 분명한 앎과 알아차리기를 지니고 머문다.

느낌[受]에서 느낌을 관찰하면서 머문다. 세간에 대한 탐욕

과 싫어하는 마음을 버리고, 근면하게 분명한 앎과 알아차리기
를 지니고 머문다.

　마음[心]에서 마음을 관찰하면서 머문다. 세간에 대한 탐욕
과 싫어하는 마음을 버리고, 근면하게 분명한 앎과 알아차리기
를 지니고 머문다.

　현상[法]에서 현상을 관찰하면서 머문다. 세간에 대한 탐욕
과 싫어하는 마음을 버리고, 근면하게 분명한 앎과 알아차리기
를 지니고 머문다."

　　　　　　　　　　　　　－『디가 니카야』 22, 「대염처경」

　여기서 '몸[身]에서 몸을 관찰하면서'는 몸에서 일어나고
사라지는 변화의 순간순간을 놓치지 않고 지속적으로 관찰
한다는 뜻이고, '탐욕과 싫어하는 마음을 버리고'는 좋아해
서 탐욕을 일으키거나 싫어해서 분노하는 분별을 버린다는
뜻이다. 그리고 '현상[法]에서 현상을 관찰하면서'는 매 순간
끊임없이 생멸을 거듭하는 안팎의 현상을 지속적으로 관찰
한다는 뜻이다.

　'알아차리기'는 사티(ⓟ sati)의 번역이다. 사티는 '지금 이
순간의 현상에 집중해서 그것을 어떠한 판단이나 통제를 하
지 않고 지속적으로 알아차리고 그냥 지켜보기만 하는 것'이
다. 지금 어떠한 현상이 일어나든지, 지금 무엇을 하고 있든

지, 매 순간 그것에 집중해서 알아차리는 것이다. 온갖 생각을 내려놓고 매 순간 '지금 이거'에 집중하고, '지금 하고 있는 일'에만 주의를 기울이는 것이다.

'어떠한 판단이나 통제를 하지 않고'는 지금 안팎에서 일어나고 사라지는 온갖 현상을 '좋다/싫다' 등으로 판단하지 않을 뿐 아니라 그냥 있는 그대로 수용하고 허용한다는 뜻이다. '좋다/싫다' 등으로 분별하면 좋은 것에는 애착하게 되고 싫은 것에는 분노를 일으키고, 그 현상을 통제하여 없애려거나 바꾸려고 애쓰면 그것과 싸우게 되고, 싸워서 해소되는 건 아무것도 없다. 따라서 그 판단과 통제가 불안과 갈등과 긴장의 원인이 되므로 그 현상에서 한 발짝 물러나 '그냥 지켜보기만 하는 것'이다.

4염처는 몸·마음·느낌·현상에서 일어나고 사라지는 생멸을 끊임없이 알아차림으로써 '지금 이 순간'에 집중하는 것이다. 지금 몸-마음에서 일어나고 사라지는 현상을 매 순간 하나도 빠뜨림 없이 알아차려서 그것이 모두 무상·고·무아라고 통찰하게 되면, 몸-마음에 대한 집착이 점점 엷어져 가고, 점차 그것에 얽매이지 않게 된다.

"아난아, 자기를 섬으로 삼아 자기에게 의지하고, 가르침을 섬으로 삼아 가르침에 의지하라. 다른 것을 섬으로 삼지 말고 다른 것에 의지하지 마라."

아난이 붓다에게 여쭈었다.

"세존이시여, 어떤 것이 자기를 섬으로 삼아 자기에게 의지하는 것입니까? 어떤 것이 가르침을 섬으로 삼아 가르침에 의지하는 것입니까? 어떤 것이 다른 것을 섬으로 삼지 않고 다른 것에 의지하지 않는 것입니까?"

"비구라면 몸[身]에서 몸을 관찰하는 염처(念處)에서 거듭 힘써 수행해서 바른 지혜와 바른 알아차림으로 세간의 탐욕과 근심을 다스려야 한다.

이와 같이 몸의 안팎을 관찰하고, 느낌[受]·마음[心]에서도 마찬가지로 하고, 현상[法]에서 현상을 관찰하는 염처에서도 그와 같이 한다.

아난아, 이것이 자기를 섬으로 삼아 자기에게 의지하고, 가르침을 섬으로 삼아 가르침에 의지하고, 다른 것을 섬으로 삼지 않고 다른 것에 의지하지 않는 것이다."

－『잡아함경』제24권 제638경

그때 천자(天子)가 게송으로 붓다에게 여쭈었다.

한적한 곳에 머물면서
청정한 수행을 하는 비구는

하루 한 끼만 먹는데도

어찌 얼굴빛이 그리도 환합니까?

붓다께서 게송으로 대답하셨다.

과거의 일을 근심하지 않고

미래를 기대하지 않고

현재의 일에 따라

바른 지혜로 알아차리기를 확립하고

먹을 때도 알아차리기 때문에

얼굴빛이 항상 산뜻하다네.

미래로 마음이 달려가 생각하고

과거를 돌아보고 근심하고 뉘우치며

어리석음의 불로 자신을 태우는 건

마치 우박이 풀을 쓰러뜨리는 것과 같다네.

–『잡아함경』제36권 제995경

(8) 일곱 가지 깨달음의 요소-7각지(覺支)

들숨과 날숨을 알아차리는 수행을 집중적으로 거듭함으로써 4염처 수행으로 진전되고, 4염처를 거듭 수행함으로써 체험하게 되는 '일곱 가지 깨달음의 요소'가 7각지(覺支)이다. 7각분(覺分)·7각의(覺意)라고도 한다.

① 염각지(念覺支). '알아차리기'라는 깨달음의 요소.

② 택법각지(擇法覺支). 안팎의 현상들을 선별하는 깨달음의 요소.

③ 정진각지(精進覺支). 정진이라는 깨달음의 요소.

④ 희각지(喜覺支). 기쁨이라는 깨달음의 요소.

⑤ 경안각지(輕安覺支). 편안함이라는 깨달음의 요소.

⑥ 정각지(定覺支). 집중이라는 깨달음의 요소.

⑦ 사각지(捨覺支). 평온이라는 깨달음의 요소.

비구들아, 어떻게 4염처를 거듭 수행해서 7각지를 완성하게 되는가?

비구들아, 세간에 대한 탐욕과 싫어하는 마음을 버리고, 근면하게 분명한 앎과 알아차리기를 하면서 지낸다. 비구가 몸[身]에서 몸을 관찰하는 수행을 하면서 지낼 때, (…) 느낌[受]에서 느낌을 관찰하는 수행을 하면서 지낼 때, (…) 마음[心]에서 마음을 관찰하는 수행을 하면서 지낼 때, (…) 현상[法]에서 현상을 관찰하는 수행을 하면서 지낼 때, 알아차리기가 뚜렷이 확립되어 그에게 염각지(念覺支)가 생기고, 그것을 닦아 염각지를 완성하게 된다.

그 비구가 그렇게 알아차리기를 지니고 머물면서 지혜로 몸-마음의 현상들을 고찰하고 검토하고 사색할 때, 그에게 택법각지(擇法覺支)가 생기고, 그것을 닦아 택법각지를 완성하게 된다.

그 비구가 지혜로 몸-마음의 현상들을 고찰하고 검토하고 사색할 때, 그에게 지칠 줄 모르는 정진이 생기고, 그때 그에게 정진각지(精進覺支)가 생기며, 그것을 닦아 정진각지를 완성하게 된다.

정진을 일으켜 수행에 몰두하는 그 비구에게 세간에서 맛볼 수 없는 기쁨이 생기고, 그때 그에게 희각지(喜覺支)가 생기며, 그것을 닦아 희각지를 완성하게 된다.

기쁨을 느끼는 그 비구는 몸-마음이 편안하다. 그때 그에게 경안각지(輕安覺支)가 생기고, 그것을 닦아 경안각지를 완성하게 된다.

몸-마음이 편안한 그 비구는 더욱 집중하게 된다. 그때 그에게 정각지(定覺支)가 생기고, 그것을 닦아 정각지를 완성하게 된다.

이처럼 마음이 집중된 그 비구는 마음의 평온을 잘 유지한다. 그때 그에게 사각지(捨覺支)가 생기고, 그것을 닦아 사각지를 완성하게 된다.

-『맛지마 니카야』118, 「들숨과 날숨을 알아차리는 경」

과거의 모든 여래(如來)·무소착(無所著)·등정각(等正覺)도 다 5개(蓋)와 마음의 더러움과 약한 지혜를 끊고 마음을 다잡아 4염처(念處)에 바르게 머물고 7각지(覺支)를 닦아 최상의 바른 깨달음을 얻었고, 미래의 모든 여래·무소착·등정각도 다 5개와 마음의 더러움과 약한 지혜를 끊고 마음을 다잡아 4염처에 바르게 머물고 7각지를 닦아 최상의 바른 깨달음을 얻을 것이며, 현재의 여래·무소착·등정각인 나도 5개와 마음의 더러움과 약한 지혜를 끊고 마음을 다잡아 4염처에 바르게 머물고 7각지를 닦아 최상의 바른 깨달음을 얻었다.

   -『중아함경』제24권「염처경」

4염처 수행을 하는 과정에서 일어나는 다섯 가지 장애인 5개(蓋), 즉 탐욕·진에(瞋恚, 분노)·수면(睡眠, 혼미와 졸음)·도회(掉悔, 들뜸과 후회)·의(疑, 의심)를 점점 소멸시키고, 5온이 생멸하는 그 순간순간을 하나도 빠뜨리지 않고 알아차린다. 그 다음으로 6근(根)과 6경(境), 즉 12처(處)의 접촉으로 순간순간 일어나고 사라지는 것들을 끊임없이 알아차린다. 이러한 수행을 계속해나가면 일곱 가지 깨달음의 요소들, 즉 7각지를 체험하게 된다.

몸-마음이 안정되면서 알아차리기가 더욱 뚜렷해지고[念覺支], 몸-마음이라는 현상에 대한 이해가 깊어지면서[擇法覺

支] 수행에 더욱더 정진하게 되고[精進覺支], 가슴에 잔잔히 사무치는 평온한 기쁨을 느끼고[喜覺支], 몸-마음이 홀가분하여 안정되고[輕安覺支], 평온한 기쁨으로 안정된 마음은 더욱 집중하게 되고[定覺支], 일어났다가 사라지는 몸-마음의 온갖 현상들에 대해 집착하지도 저항하지도 않아 마음의 평온이 잘 유지된다[捨覺支].

이 7각지를 닦아 최상의 바른 깨달음에 이르게 된다.

(9) 무상·고·무아를 통찰하는 수행-위팟사나(vipassanā)

그때 아난존자가 상좌(上座)에게 가서 공경히 인사하고 안부를 물은 뒤 한쪽에 물러나 앉아서 물었다.

"비구가 한적한 삼림이나 조용한 방에서 사유하려면 어떤 방법으로 세밀하게 사유해야 합니까?"

상좌가 대답했다.

"아난존자여, 사마타[止]와 위팟사나[觀]의 두 가지 방법으로 사유해야 합니다."

"사마타를 거듭거듭 수행하면 무엇이 이루어지고, 위팟사나를 거듭거듭 수행하면 무엇이 이루어집니까?"

"아난존자여, 사마타를 거듭 수행하면 결국 위팟사나가 이루어지고, 위팟사나를 거듭 수행하면 사마타가 이루어집니다.

성자의 제자는 사마타와 위팟사나를 함께 수행해서 해탈의 경지에 이릅니다."

 -『잡아함경』 제17권 제464경

"비구들아, 탐욕을 알기 위해서는 두 가지를 닦아야 한다.

무엇이 두 가지인가?

사마타와 위팟사나이다.

비구들아, 탐욕을 알기 위해서는 반드시 이 두 가지를 닦아야 한다."

 -『앙굿타라 니카야』 2 : 17,「율(律) 등의 품(品)」

묘한 말씀 아무리 많이 읽어도

방탕하여 계율을 지키지 않고

탐욕과 분노와 어리석음에 빠져서

지관(止觀, 사마타와 위팟사나)을 닦지 않으면

소떼와 같을 뿐

붓다의 제자라고 할 수 없다.

 -『법구경』「쌍요품(雙要品)」

"비구들아, 사마타를 닦으면 어떤 이로움이 있는가?

마음이 닦여져 탐욕이 끊어진다.

비구들아, 위빳사나를 닦으면 어떤 이로움이 있는가?

지혜가 닦여져 무명(無明)이 끊어진다."

-『앙굿타라 니카야』 2 : 30, 「명(明)」

사마타(Ⓟ samatha)는 '고요함'이라는 뜻이다. 한곳에 집중해서 마음의 동요와 산란이 가라앉고 그친 상태이므로 '지(止)'라고 번역한다.

위빳사나(Ⓟ vipassanā)는 '해체해서(vi) 보기(passanā)'라는 뜻이다. 그냥 보는 게 아니라 대상을 해체하거나 분해해서 꿰뚫어 보는 통찰이다. 그래서 '관(觀)'이라 번역한다. 대상을 그냥 보면 집착하게 되지만 그것을 해체해서 보면 집착이 엷어진다.

사마타는 집중하는 삼매[定]이고, 위빳사나는 대상을 해체해서 무상·고·무아라고 통찰하는 지혜[慧] 수행이다.

위빳사나는 알아차리기, 즉 사티(Ⓟ sati)와 사마타를 기반으로 해서 모든 현상을 있는 그대로 꿰뚫어 보아 해탈의 지혜를 얻는 수행이다. 특히 '나 자신'을 4염처나 5온으로 해체해서 거기에서 매 순간 일어났다가 사라지고 사라졌다가 일어나는 몸-마음의 생멸을 거듭 알아차려야 무상이 보이고, 고가 절실하고, 무아가 드러난다. 즉, 몸-마음의 생멸을 순간순간 놓치지 않고 알아차림으로써 무상과 고를 절감하고,

4염처와 5온에 독자적으로 존속하는 실체도 없고, 고유한 본질도 없고, 독립된 개체적 자아도 없다는 무아를 통찰하는 것이다. 이것을 거듭 알아차리고 거듭 통찰함으로써 몸-마음에 대한 집착이 점점 떨어져 나가 몸-마음의 굴레에서 벗어나 거기에 얽매이지 않게 된다.

(10) 네 가지 한량없는 마음 – 4무량심(無量心)

눈에 보이는 것이나 보이지 않는 것이나
멀리 살고 있는 것이나 가까이 살고 있는 것이나
이미 태어난 것이나 앞으로 태어날 것이나
살아 있는 것들은 다 행복하여라.

어머니가 외아들을 목숨 바쳐 보호하듯
살아 있는 모든 것들에게
한없는 자비심을 일으켜라.

서 있거나 걸어가거나 앉아 있거나 누워 있거나
잠자지 않는 동안에는
자비심을 굳게 지녀라.
이것이야말로 참으로 청정한 삶이다.

살아 있는 것들이 다 행복하기를 바라는 자(慈), 살아 있는 것들이 다 고뇌에서 벗어나기를 바라는 비(悲), 남이 즐거워하면 함께 기뻐하는 희(喜), 남을 평온하게 대하는 사(捨)를 닦으면, 탐욕과 분노와 남을 해치려는 마음과 미워하는 마음이 점점 약화된다. 따라서 자비희사, 즉 4무량심은 남을 돌보고 자기를 돌보는 일이고, 자기를 보호하고 남을 보호하는 일이다.

그때 세존께서 사위성에서 걸식하여 식사하고 나서 기원정사를 산책하다가 라홀라에게 가서 말씀하셨다.

"너는 반드시 들숨과 날숨에 집중하는 수행을 하라. 그것을 닦으면 온갖 근심·걱정이 사라질 것이다.

또 육신은 깨끗하지 못하다는 부정관(不淨觀)을 닦으라. 그러면 탐욕이 소멸될 것이다.

라홀라야, 살아 있는 것들이 다 행복하기를 바라는 마음[慈心]을 닦으라. 그러면 분노가 소멸될 것이다.

살아 있는 것들이 다 고뇌에서 벗어나기를 바라는 마음[悲心]을 닦으라. 그러면 남을 해치려는 마음이 소멸될 것이다.

남이 즐거워하면 함께 기뻐하는 마음[喜心]을 닦으라. 그러면 미워하는 마음이 소멸될 것이다.

남을 평온하게 대하는 마음[捨心]을 닦으라. 그러면 교만한
마음이 소멸될 것이다."

–『증일아함경』제7권, 17 「안반품(安般品)」

붓다께서 말씀하셨다.

"라훌라야, 자(慈)에 대해 명상하라. 분노가 사라진다.

비(悲)에 대해 명상하라. 남을 해치려는 마음이 사라진다.

희(喜)에 대해 명상하라. 미워하는 마음이 사라진다.

사(捨)에 대해 명상하라. 마음의 흔들림이 사라진다.

부정(不淨)에 대해 명상하라. 탐욕이 사라진다.

무상(無常)에 대해 명상하라. 아만(我慢)이 사라진다."

–『맛지마 니카야』62, 「라훌라를 가르친 큰 경」

세존께서 말씀하셨다.

"아난아, 내가 이전에 너에게 4무량(無量)을 설했다.

비구는 살아 있는 것들이 다 행복하기를 바라는 마음[慈心]
을 4방·4유·상하에 가득 채운다. 그 마음과 함께하면 번뇌도
없고 원한도 없고 분노도 없고 다툼도 없나니, 지극히 광대하
고 한량없이 잘 닦아 모든 세간을 가득 채우고 지낸다.

이와 같이 살아 있는 것들이 다 고뇌에서 벗어나기를 바라

는 마음[悲心]과 남이 즐거워하면 함께 기뻐하는 마음[喜心]과 남을 평온하게 대하는 마음[捨心]도 그러하여, 번뇌도 없고 원한도 없고 분노도 없고 다툼도 없나니, 지극히 광대하고 한량없이 잘 닦아 모든 세간을 가득 채우고 지낸다.

아난아, 너는 젊은 비구들에게 이 4무량을 설하여 그들을 가르쳐야 한다. 만약 젊은 비구들에게 이 4무량을 설하여 가르치면, 그들은 평온을 얻고 힘을 얻고 즐거움을 얻어, 번뇌의 열기로 뜨거워지지 않고 일생 동안 청정한 행을 닦을 것이다."

–『중아함경』제21권,「장수왕품(長壽王品)」설처경(說處經)

그때 세존께서 여러 비구들에게 말씀하셨다.

"옛날에 어떤 광대가 어깨 위에 깃대를 세우고 제자에게 말했다.

'너는 깃대에 올라가 아래에 있는 나를 보호하라. 나 또한 너를 보호할 것이다. 이렇게 서로 보호하면서 여러 곳에서 재주를 부리면 많은 재물을 벌 것이다.'

그때 제자가 말했다.

'그렇게 하지 말고, 각자 자기를 소중히 보호하면 아무런 사고 없이 땅에 내려올 수 있을 겁니다.'

그러자 스승이 말했다.

'너의 말대로 각자 자기를 소중히 보호하자. 그런데 그 이치는 내가 말한 것과 마찬가지다. 자기를 보호할 때 그것은 곧 남을 보호하는 것이고, 남을 보호할 때 그것 또한 자기를 보호하는 것이다. 마음으로 서로 친근하고 서로 닦아 익히고 보호해서 숙련되면, 이것을 자기를 보호하고 남을 보호하는 것이라 한다.

어떻게 남을 보호하고 자기를 보호하는가?

남을 두려워하지 않고 남과 등지지 않으며 남을 해치지 않고 인자한 마음으로 남을 가엾이 여기면, 이것을 남을 보호하고 자기를 보호하는 것이라 한다.'"

－『잡아함경』제24권 제619경

남에게 화를 내거나 해를 끼친 결과는 결국 자기 자신에게 돌아와 마음의 상처로 남는다. 자비희사는 자신을 사랑하고 남을 배려하는 마음이다. 남의 마음을 아프게 한 결과는 결국 자기 자신에게 돌아와 마음을 오염시킨다. 자비희사는 남을 사랑하고 자신의 마음을 정화(淨化)하는 일이다. 자비희사는 남들과의 '관계'에서 자신의 마음을 닦는 수행이다. 자비희사를 닦는 수행자는 온 세상에 자비희사를 가득 채우고, 그 속에서 걸어가고 머물고 앉고 눕는다.

불교의 첫 번째 계율이 불살생(不殺生)인 이유는 남을 해치려는 마음이 자비의 씨앗을 썩히고, 남을 해치는 일이 곧 자신을 해치는 일이기 때문이다. 남을 소중히 여기는 게 자신을 소중히 여기는 일이고, 자신을 소중히 여기는 게 남을 소중히 여기는 일이다. 이 일은 자신과 남을 나무라지 않고 너그럽게 보살피는 데서 시작한다.

누구나 다 결함이나 허물이 있기 마련인데 그것을 그냥 받아들여 용해시키지 않고 싸우기를 계속하면, 자신은 긴장 속에서 분열되고 남에게는 저항하게 된다. 이 저항이 분노이고 증오이다. 남의 허물이나 결함을 그냥 그대로 받아들여 용해시키면 서로 편해지니, 자비희사는 남을 사랑하고 자신을 돌보는 마음이다. 따라서 자신에 대한 배려가 곧 남에 대한 배려이고, 남을 배려하지 않는 사람은 자신도 배려하지 못하는 법이다.

중생의 가장 끈질긴 집착은 '내 몸, 내 것, 내 생각'이다. 여기에 집착하는 한 탐욕과 분노와 어리석음의 불길이 잦아들지 않아, 지혜도 없고 자비도 없고 열반도 없다. 불교의 지혜는 집착하지 않는 지혜이고, 분별하지 않는 지혜이고, 모든 현상을 있는 그대로 보는 지혜이다.

모든 중생이

탐욕에서 벗어나고

분노에서 벗어나고

어리석음에서 벗어나

안락하게 지내게 하소서.

이것을 자비의 노래라 한다.

자비희사를 기원하는 것, 이것이 바로 자기 자신을 위한 기도이다.

(11) 악을 방지하고 선을 쌓는 규율-계율(戒律)

불교를 세 가지로 요약한 3학(學)에서 첫 번째가 계학(戒學)이듯이, 불교의 수행은 계율을 지키는 데서 시작한다. 계율을 지키는 삶은 청정하고, 계율을 지키는 그 자체가 열반에 이르는 수행이다.

어떤 것이 뛰어난 계학(戒學)인가?

만약 비구가 바라제목차(波羅提木叉)에 머물러 규율에 맞는 몸가짐과 행위를 원만하게 갖추고 가벼운 죄를 보아도 두려운 마음을 내어 계를 지니면, 이것을 뛰어난 계학이라 한다.

－『잡아함경』제30권 제832경

계율은 불교에 귀의한 자가 악을 막고 선을 쌓기 위해 지켜야 할 규율·규정을 말한다. 계(戒, ⑤ śīla ⑪ sīla)는 '습성'·

'행위'·'몸가짐'을 뜻하고, 율(律, ⑤ⓟ vinaya)은 '규율'·'규정'을 뜻하지만 보통 계율(戒律)이라고 복합어로 사용한다.

계(戒)는 율장(律藏: 계율을 기록한 문헌)에 있는 낱낱의 조항을 가리키고, 그 낱낱 조항의 전체를 바라제목차(波羅提木叉)라고 한다. 율장의 내용을 크게 나누면 ① 비구·비구니의 어떤 행위를 금지한 조문(條文)을 열거한 바라제목차와, 그것을 금지한 유래와 또 그것을 범했을 때에 죄의 가벼움과 무거움을 상세히 설한 부분, ② 교단의 의식·생활·예의 등의 여러 규범을 설한 장(章)이다.

바라제목차(波羅提木叉)는 ⑤ prātimokṣa ⓟ pātimokkha의 음사이고, '별해탈(別解脫)'이라 번역한다. 불살생계(不殺生戒)를 지켜 살생에서 벗어나고, 불망어계(不妄語戒)를 지켜 거짓말에서 벗어나는 것처럼, 계(戒)를 지켜 거기서 벗어난다는 뜻이다.

계를 지키는 것은 자신을 보호하고 단속하는 일이다. 남에게 해를 끼치지 않는 게 계를 지키는 것이고, 그것이 곧 자신을 보호하고 단속하는 일이다.

마음은 미세하여 보기 어려운 것

욕망에 따라 움직인다.

지혜로운 사람은 항상 자신을 보호하나니

마음을 잘 지키면 편안해진다.

-『법구경』「심의품(心意品)」

이 세상 모든 것에 해를 끼치지 않으면

죽을 때까지 해를 입지 않는다.

항상 모든 것을 자애롭게 대하니

누가 원망을 품겠는가.

-『법구경』「도장품(刀杖品)」

초기불교의 계율에는 5계(戒)·10계(戒)·구족계(具足戒) 등
이 있다.

5계(戒)

재가자(在家者)가 지켜야 할 다섯 가지 계율이다.

① 불살생계(不殺生戒). 살아 있는 것을 죽이지 마라.

② 불투도계(不偸盜戒). 훔치지 마라.

③ 불사음계(不邪婬戒). 음란한 짓을 하지 마라.

④ 불망어계(不妄語戒). 거짓말하지 마라.

⑤ 불음주계(不飮酒戒). 술 마시지 마라.

10계(戒)

사미(沙彌)와 사미니(沙彌尼)가 지켜야 할 열 가지 계율이다. 사미는 출가하여 10계를 받고 구족계를 받기 전의 남자 승려를 말하고, 사미니는 출가하여 10계를 받고 구족계를 받기 전의 여자 승려를 말한다.

① 불살생계(不殺生戒). 살아 있는 것을 죽이지 마라.

② 불투도계(不偸盜戒). 훔치지 마라.

③ 불사음계(不邪婬戒). 음란한 짓을 하지 마라.

④ 불망어계(不妄語戒). 거짓말하지 마라.

⑤ 불음주계(不飮酒戒). 술 마시지 마라.

⑥ 부도식향만계(不塗飾香鬘戒). 향유(香油)를 바르거나 머리를 꾸미지 마라.

⑦ 불가무관청계(不歌舞觀聽戒). 노래하고 춤추는 것을 보지도 듣지도 마라.

⑧ 부좌고광대상계(不坐高廣大床戒). 높고 넓은 큰 평상에 앉지 마라.

⑨ 불비시식계(不非時食戒). 때가 아니면 먹지 마라. 즉, 정오가 지나면 먹지 마라.

⑩ 불축금은보계(不蓄金銀寶戒). 금은보화를 지니지 마라.

구족계(具足戒)

비구와 비구니가 받아 지켜야 할 계율로, 비구는 250계, 비구니는 348계이다.

바라제목차에서는 죄를 가벼움과 무거움에 따라 여러 가지로 나누는데, 그 가운데 다섯 가지만 소개하면 다음과 같다.

① 바라이(波羅夷). Ⓢ Ⓟ pārājika의 음사이고 '무여(無餘)'·'무잔(無殘)'이라 번역한다. 승단에서 추방되어 비구·비구니의 자격이 상실되는 가장 무거운 죄이다. 비구의 바라이에 네 가지가 있는데, 그것은 음란한 짓을 하거나 도둑질하거나 사람을 죽이거나 깨닫지 못하고서 깨달았다고 거짓말하는 것이다.

② 승잔(僧殘). '승단에 남겨둔다'는 뜻이다. 비구·비구니의 자격이 일시적으로 상실되지만 정해진 벌칙을 받고 참회하면 그 자격이 회복되는 죄이다.

③ 바일제(波逸提). Ⓢ pāyattika Ⓟ pācittiya의 음사이고 '타(墮)'라고 번역한다. 사소한 거짓말이나 욕설 등을 한 가벼운 죄이다. 이 죄를 저지른 비구·비구니는 비구들에게 참회하면 죄가 소멸되지만 참회하지 않으면 죽어서 지옥에 떨어진다고 하여 '타(墮)'라고 한다.

④ 바라제제사니(波羅提提舍尼). Ⓢ pratideśanīya Ⓟ pāṭid

esanīya의 음사이고 '향피회(向彼悔)'라고 번역한다. 걸식 때와 식사 때의 규칙을 어긴 가벼운 죄로, 비구에게 참회하면 죄가 소멸된다.

⑤ 돌길라(突吉羅). Ⓢ duṣkṛta Ⓟ dukkaṭa의 음사이고 '악작(惡作)'·'악설(惡說)'이라 번역한다. 행위와 말로 저지른 가벼운 죄이다. 고의로 이 죄를 저질렀을 때는 한 명의 비구 앞에서 참회하고, 고의가 아닐 때는 마음속으로 참회하면 죄가 소멸된다.

반열반(般涅槃) - 붓다의 죽음

붓다는 마가다 국의 우루벨라 마을에 있는 네란자라 강변의 보리수 아래서 깨달음을 이룬 후, 갠지스 강의 중류 유역을 중심으로 40여 년 동안 여러 곳으로 다니면서 가르침을 설했다. 이 나라에서 저 나라로, 이 성에서 저 성으로, 이 동산에서 저 동산으로, 이 숲에서 저 숲으로.

붓다의 마지막 여행은 왕사성에서 시작된다.

80세가 되던 해, 붓다는 왕사성의 영취산을 뒤로 하고 북쪽으로 향했다. 아난(阿難)과 여러 비구들이 뒤따랐다. 날란다에서 잠시 머문 후, 갠지스 강을 건너 바이샬리에 도착하여 대나무 숲에서 여름 안거(安居)를 보낸다. 그때 붓다는 더

위와 장마를 이기지 못해 병에 걸려 심한 고통을 겪었다.

장마철이 거의 지나갈 무렵, 병에서 회복한 붓다가 나무 그늘에서 쉬고 있을 때, 아난이 곁에 앉아 "세존께서 병이 깊어 심한 고통을 당하실 때, 저는 눈앞이 캄캄했습니다. 그러나 세존께서 교단에 대해 아무런 유언도 없으셔서 아직 돌아가시지 않을 것이라 여겨 안심했습니다."(『디가 니카야』 16, 「대반열반경」)라고 말했다. 그는 붓다가 입멸(入滅)하기 전에 교단의 후계자를 지명할 것이라고 생각했던 것이다.

붓다께서 아난에게 말씀하셨다.

"교단이 내게 바라는 것이라도 있느냐?

만약 어떤 이가 스스로 '나는 교단을 거느리고 있다, 나는 교단을 다스리고 있다'고 말한다면, 그는 교단에 대해 할 말이 있겠지만 여래는 '나는 교단을 거느리고 있다, 나는 교단을 다스리고 있다'고 말하지 않았다. 그러니 어찌 교단에 대해 할 말이 있겠는가.

아난아, 나는 설해야 할 가르침을 안팎으로 이미 다 설했지만 '보이는 것에 모두 통달했다'고 자칭한 적은 한 번도 없다. 나는 이미 늙어 나이가 80이다. 낡은 수레를 수리하면 좀 더 갈 수 있는 것처럼 내 몸도 그러하다. (…)

아난아, 스스로 맹렬히 정진하되 가르침에 맹렬히 정진하고 다른 것에 맹렬히 정진하지 마라. 스스로 귀의하되 가르침에 귀의하고 다른 것에 귀의하지 마라.

이것은 어떻게 하는 것인가?

아난아, 몸[身]의 안팎을 부지런히 관찰하고 알아차려서 세상에 대한 탐욕과 근심을 소멸시켜 나간다.

느낌[受]과 마음[心]과 현상[法]도 그렇게 한다.

아난아, 이것을 스스로 맹렬히 정진하되 가르침에 맹렬히 정진하고 다른 것에 맹렬히 정진하지 말며, 스스로 귀의하되 가르침에 귀의하고 다른 것에 귀의하지 말라는 것이다.

아난아, 내가 입멸한 뒤에 이렇게 수행하는 자가 있으면, 그는 곧 나의 참 제자이고 제일가는 수행자일 것이다." (…)

그때 세존께서 강당으로 가서 자리에 앉아 여러 비구들에게 말씀하셨다.

"너희들은 알아야 한다. 나는 이러한 수행법으로 스스로 증득하여 최정각(最正覺)을 이루었다. 4염처(念處)·4정근(正勤)·4신족(神足)·4선(禪)·5근(根)·5력(力)·7각지(覺支)·8정도(正道)가 그것이다.

너희들은 이 수행법 가운데서 서로 화합하고 공경하고 순종하며 다투지 마라. 같은 스승에게서 가르침을 받았으니, 물과 우유처럼 섞여 내 가르침 가운데서 부지런히 공부하고 맹렬히 정진하면서 함께 즐겨라. (…)

너희들은 이를 잘 받아 지녀서 가늠하고 분별하여 상황에 따라 알맞게 수행해야 한다. 여래는 3개월 뒤에 반열반할 것이다."

여러 비구들은 이 말씀을 듣고 모두 깜짝 놀라 숨이 막히고 정신이 아찔하여 땅바닥에 몸을 던지고 큰 소리로 탄식했다. (…)

붓다께서 여러 비구들에게 말씀하셨다.

"그만두어라, 걱정하거나 슬퍼하지 마라. 이 세상 만물로 생겨나서 끝나지 않은 것은 하나도 없다. 변하는 것을 변하지 않게 할 수는 없는 법이다. 전에도 말했지만 인정과 애정은 영원하지 않고, 모인 것은 반드시 흩어지기 마련이다. 몸은 자기 소유가 아니고 목숨은 오래 가지 않는다." (…)

그때 세존의 얼굴 모습은 평온했고 위엄스러운 광명이 타오르듯 빛났으며, 6근(根)은 청정했고 얼굴빛은 평화롭고 기쁨에 넘쳤다. 아난이 그 모습을 보고 생각했다.

'내가 세존을 모신 지 25년이나 되었지만 세존의 얼굴빛이 저렇게 밝게 빛나는 것을 본 적이 없다.'

그러고는 자리에서 일어나 오른쪽 무릎을 땅에 꿇고 차수합장(叉手合掌)하여 붓다에게 여쭈었다.

"제가 세존을 모신 지 25년이나 되었지만 지금처럼 세존의 얼굴이 빛나는 것을 보지 못했습니다. 무슨 까닭인지 듣고 싶습니다."

붓다께서 말씀하셨다.

"여래의 얼굴빛이 보통 때보다 빛나는 경우는 두 번 있다.
하나는 붓다가 처음 도(道)를 얻어 무상정진각(無上正眞覺)을
이루었을 때이고, 둘은 멸도(滅度)에 임박해서 목숨을 버리고
반열반하려 할 때이다."

　　-『장아함경』제2~3권,「유행경(遊行經)」

　붓다와 그 일행은 바이샬리에서 며칠을 머문 뒤 쿠시나가
라로 향했다. 붓다는 바이샬리를 떠나면서 아난에게 "내가
바이샬리를 보는 것도 마지막이 되리라"(『디가 니카야』16,「대
반열반경」) 하고는 코끼리처럼 천천히 바이샬리를 뒤돌아보
았다.

　간다키 강을 건넌 붓다는 쿠시나가라 근처의 어느 마을에
이르렀다. 거기서 그는 대장장이의 아들 춘다가 바친 버섯
요리를 먹은 후, 피를 토하는 심한 통증을 일으켰다. 병의 고
통을 참고 견디면서 쿠시나가라에 이르러 사라(沙羅)나무숲
으로 들어갔다.

　그때 세존께서 쿠시나가라에 들어가 말라족(末羅族)이 사는
곳으로 향하셨다. 그리고 쌍수(雙樹) 사이로 가서 아난에게 말
씀하셨다.

"쌍수 사이에 누울 자리를 마련하는 데 머리는 북쪽을 향하도록 하고 얼굴은 서쪽을 향하도록 해라. 왜냐하면 장차 내 가르침이 널리 퍼져 북쪽에서 오래 머물 것이기 때문이다."

아난이 세존의 머리를 북쪽으로 향하도록 자리를 마련하자 세존께서 몸소 승가리(僧伽梨)를 네 번 접어 그 위에 누우셨는데, 사자처럼 오른쪽 옆구리를 땅에 대고 발을 포개셨다. (…)

그때 세존께서 울다라승(鬱多羅僧)을 헤치고 금빛 팔을 내보이며 여러 비구들에게 말씀하셨다.

"너희들은 우담발화(優曇鉢華)가 드물게 피는 것처럼, 여래도 그렇게 드물게 출현한다고 생각하라."

그러고는 이 뜻을 거듭 밝히려고 게송으로 말씀하셨다.

오른팔은 자금색(紫金色)

붓다 출현 영서(靈瑞) 같고

가고 오는 의식 작용 무상하니

마음을 지키고 단속하면 열반 얻으리라.

"그러므로 비구들아, 마음을 지키고 단속하라. 나는 마음을 지키고 단속했기 때문에 정각(正覺)을 이루었다. 한량없는 온갖 선(善)도 마음을 지키고 단속함으로써 얻는다. 이 세상 만물로서 영원히 존재하는 것은 없다. 이것이 여래가 남기는 최후의 말이다."

-『장아함경』제3~4권,「유행경」

반열반(般涅槃)은 Ⓢ parinirvāṇa Ⓟ pariṇibbāna의 음사이고, '입멸(入滅)'·'멸도(滅度)'라고 번역한다. 육신의 소멸, 곧 '죽음'을 뜻한다.

'몸의 안팎을 부지런히 관찰하여 알아차림으로써 세상에 대한 탐욕과 근심을 없앤다. 느낌과 마음과 현상도 이렇게 관찰한다'는 4염처 수행을 말한다.

차수합장은 두 손바닥을 합하고 오른손 다섯 손가락의 끝과 왼손 다섯 손가락의 끝을 약간 교차시키는 예법이다.

쌍수는 두 그루의 사라나무를 말한다. 이 나무는 교목으로, 잎은 긴 타원형에 끝이 뾰족하고, 옅은 노란색의 꽃이 핀다.

승가리는 큰 가사(袈裟)이고, 울다라승은 윗도리로 입는 옷이다.

우담발화는 ⓈⓅ udumbara의 음사이고 '영서(靈瑞)'라고 번역한다. 인도 북부와 데칸고원에서 자라는 우담발의 꽃이다. 우담발은 낙엽 관목으로 잎은 긴 타원형이고, 열매는 여러 개가 모여 맺힌다. 작은 꽃이 항아리 모양의 꽃받침에 싸여 보이지 않기 때문에 3천 년 만에 한 번 꽃이 핀다고 하여, 그 꽃을 희귀한 것이나 만나기 어려운 것에 비유한다.

초기불교 이야기

펴낸날	초판 1쇄 2017년 1월 10일

지은이	**곽철환**
펴낸이	**심만수**
펴낸곳	**(주)살림출판사**
출판등록	1989년 11월 1일 제9–210호

주소	경기도 파주시 광인사길 30
전화	031-955-1350 팩스 031-624-1356
홈페이지	http://www.sallimbooks.com
이메일	book@sallimbooks.com

ISBN	978-89-522-3570-1 04080
	978-89-522-0096-9 04080 (세트)

※ 값은 뒤표지에 있습니다.
※ 잘못 만들어진 책은 구입하신 서점에서 바꾸어 드립니다.

이 도서의 국립중앙도서관 출판시도서목록(CIP)은 서지정보유통지원시스템 홈페이지
(http://seoji.nl.go.kr)와 국가자료공동목록시스템(http://www.nl.go.kr/kolisnet)에서
이용하실 수 있습니다.(CIP제어번호: CIP2016032534)

책임편집·교정교열 **서상미·홍민정**

384 삼위일체론

유해무(고려신학대학교 교수)

기독교에서 믿는 하나님은 어떤 존재일까? 성부 하나님과 성자 예수, 그리고 성령이 계시며, 이분들이 한 하나님임을 이야기하는 삼위일체론은 기독교 교회가 믿고 고백하는 핵심 교리다. 신구약 성경에 이 교리가 어떻게 나타나 있으며, 초기 기독교 교회의 예배와 의식에서 어떻게 구현되었고, 2천 년 동안의 교회 역사를 통해 어떤 도전과 변화를 겪으며 정식화되었는지를 일목요연하게 정리했다.

315 달마와 그 제자들

우봉규(소설가)

동아시아 불교의 특징은 선(禪)이다. 그리고 선 전통의 터를 닦은 이가 달마와 그에서 이어지는 여섯 조사들이다. 이 책은 달마, 혜가, 승찬, 도신, 홍인, 혜능으로 이어지는 선승들의 이야기를 통해 선불교의 기본사상을 이해하도록 돕는다.

041 한국교회의 역사

서정민(연세대 신학과 교수)

국내 전체인구의 25%를 점하고 있는 기독교. 하지만 우리는 한국 기독교의 역사에 대해서 너무나 무지하다. 이 책은 한국에 기독교가 처음 소개되던 당시의 수용과 갈등의 역사, 일제의 점령과 3·1운동 그리고 6·25 전쟁 등 굵직굵직한 한국사에서의 기독교의 역할과 저항, 한국 기독교가 분열되고 성장해 왔던 과정 등을 소개한다.

067 현대 신학 이야기

박만(부산장신대 신학과 교수)

이 책은 현대 신학의 대표적인 학자들과 최근의 신학계의 흐름을 해설한다. 20세기 전반기의 대표적인 신학자인 칼 바르트와 폴 틸리히, 디트리히 본회퍼, 그리고 현대 신학의 중요한 흐름인 해방신학과 과정신학 및 생태계 신학 등이 지닌 의미와 한계가 무엇인지를 친절하게 소개하고 있다.

099 아브라함의 종교 유대교|기독교|이슬람교 eBook

공일주(요르단대 현대언어과 교수)

이 책은 유대교, 이슬람교, 기독교가 아브라함이라는 동일한 뿌리에서 갈라져 나왔다는 점에 주목한다. 저자는 이를 추적함으로써 각각의 종교를 그리고 그 종교에서 나온 정치적, 역사적 흐름을 설명한다. 이스라엘과 팔레스타인으로 대변되는 다툼의 중심에는 신이 아브라함에게 그 땅을 주겠다는 약속이 있음을 명쾌하게 밝히고 있다.

221 종교개혁 이야기 eBook

이성덕(배재대 복지신학과 교수)

종교개혁은 단지 교회사적인 사건이 아닌, 유럽의 종교 · 사회 · 정치적 지형도를 바꾸어 놓은 사건이다. 이 책은 16세기 극렬한 투쟁 속에서 생겨난 개신교와 로마 카톨릭 간의 분열을 그 당시 치열한 삶을 살았던 개혁가들의 투쟁을 통해 보여 주고 있다. 마르틴 루터, 츠빙글리, 칼빈으로 이어지는 종파적 대립과 종교전쟁의 역사들이 한 편의 소설처럼 펼쳐진다.

263 기독교의 교파

남병두(침례신학대학교 교수)

하나의 교회가 역사적으로 어떻게 다양한 교파로 발전해왔는지를 한눈에 보여주는 책. 교회의 시작과 이단의 출현, 신앙 논쟁과 이를 둘러싼 갈등 등이 파노라마처럼 펼쳐진다. 사도행전에 나타난 교회의 시작과 이단의 출현에서부터 초기 교회의 분열, 로마가톨릭과 동방정교회의 분열, 16세기 종교개혁을 지나 18세기의 감리교와 성결운동까지 두루 살펴본다.

386 금강경

곽철환(동국대 인도철학과 졸업)

『금강경』은 대한불교조계종이 근본 경전으로 삼는 소의경전(所依經典)이다. 『금강경』의 핵심은 지혜의 완성이다. 즉 마음에 각인된 고착 관념이 허물어져 어디에도 집착하지 않는 상태를 말한다. 이 책은 구마라집의 『금강반야바라밀경』을 저본으로 삼아 해설했으며, 기존 번역의 문제점까지 일일이 지적해 독자들의 이해를 돕고자 했다.

013 인도신화의 계보 `eBook`

류경희(서울대 강사)

살아 있는 신화의 보고인 인도 신들의 계보와 특성, 신화 속에 담긴 사상과 가치관, 인도인의 세계관을 쉽게 설명한 책. 우주와 인간의 관계에 대한 일원론적 이해, 우주와 인간 삶의 순환적 시간관, 사회와 우주의 유기적 질서체계를 유지하려는 경향과 생태주의적 삶의 태도 등이 소개된다.

309 인도 불교사 붓다에서 암베드카르까지 `eBook`

김미숙(동국대 강사)

가우타마 붓다와 그로부터 시작된 인도 불교의 역사를 흥미롭고도 일목요연하게 정리한 책. 붓다가 출가해서, 그를 따르는 무리들이 생겨나고, 붓다가 생애를 마친 후 그 말씀을 보존하기 위해 경전을 만드는 등의 이야기들이 한눈에 들어온다. 또한 최근 인도에서 다시 불고 있는 불교의 바람에 대해 소개한다.

281 예수가 상상한 그리스도

김호경(서울장신대학교 교수)

예수가 그리스도라는 것은 어떤 의미인가? 이 책은 신앙적 고백과 백과사전적 지식 사이에서 현재 예수 그리스도가 가진 의미를 묻고 있다. 저자는 이러한 문제의식을 바탕으로 예수가 보여준 질서와 가치가 우리와 얼마나 다른지, 그를 따르는 것이 왜 우리에게 익숙하지 않은 일인지를 보여주고 있다.

346 왜 그 음식은 먹지 않을까 `eBook`

정한진(창원전문대 식품조리과 교수)

세계에는 수많은 금기음식들이 있다. 유대인과 이슬람교도들은 돼지고기를 먹지 않고, 힌두교도의 대부분은 소고기를 먹지 않는다. 개고기 식용에 관해서도 말들이 많다. 그들은 왜 그 음식들을 먹지 않는 것일까? 음식 금기 현상에 접근하는 다양한 방식을 통해 그 유래와 문화적 배경을 살펴보자.

eBook 표시가 되어있는 도서는 전자책으로 구매가 가능합니다.

(주)살림출판사
www.sallimbooks.com
주소 경기도 파주시 문발동 522-1 | 전화 031-955-1350 | 팩스 031-955-1355